«Un plan sumamente práctico para organizar su día y optimizar el éxito y la eficacia».

—Dra. EMMA SEPPÄLÄ,
autora de *The Happiness Track: How to Apply the Science of Happiness to Accelerate Your Success* [El camino de la felicidad: Cómo aplicar la ciencia de la felicidad para acelerar su éxito]

«La metodología y los pirateos del doctor Carter transformarán la forma en que comienza y termina su jornada».

—CY WAKEMAN,
autora de éxito en ventas del New York Times

«Un legítimo manual científico que todos pueden usar para activar el potencial inactivo de su mente».

—MAX LUGAVERE,
periodista del New York Times y autor de éxito en ventas del libro *Genius Foods* [Comidas de genio]

«Este libro sacará a la luz sus mejores recursos: creatividad, imaginación y valentía para ganar. Aproveche el día con *La mente alerta*».

—CAPITÁN KEVIN M. SMITH,
retirado de la Marina de Estados Unidos.

«¿Cuántas veces empieza el día aturdido? Un comienzo fuerte le adicionará horas a su jornada productiva. Las personas de éxito entienden la importancia de las rutinas mañaneras. El doctor Carter le brinda una valiosa información sobre cómo aprovechar su cerebro y construir una base sólida para comenzar su día y mejorar su desempeño en el trabajo».

—GERALD GREENWALD,
ex director ejecutivo y presidente de United Airlines, Inc.

La
MENTE
ALERTA

La

MENTE
ALERTA

USE SUS PRIMEROS PENSAMIENTOS PARA CONQUISTAR SU DÍA Y MEJORAR SU VIDA

Dr. Rob Carter III, PhD, MPH | Dr. Kirti Salwe Carter, MBBS, MPH

GRUPO NELSON
Desde 1798

NASHVILLE   MÉXICO DF.   RÍO DE JANEIRO

A nuestros padres y hermanos
por su apoyo y su amor incondicional en el camino,
y para nuestro amor, Rajshri.

Contenido

PARTE III: OPORTUNIDADES PARA EL RESTO DEL DÍA

Prólogo

◼

«La fe es dar el primer paso, aunque no veas toda la escalera».

—MARTIN LUTHER KING HIJO.

Amanece otra vez. Se levanta el sol, y con él, nuevas oportunidades para crecer, desarrollarse y mejorar. ¿Desea irrumpir con fuerza en la aurora? ¿Quiere saltar de la cama y darle la bienvenida al nuevo día o prefiere apagar el despertador, disgustado por levantarse a otra jornada tediosa? Como sea, la forma de empezar la mañana es una decisión que se toma todos los días.

¿Qué pasaría si pudiera convertirse en el amo y señor de sus mañanas y establecer una rutina que le ayude no solo a despertar, sino también a definir y conformar la vida que desea?

Este libro se escribió para ayudarle a tomar mejores decisiones en la mañana, para que usted despierte temprano, feliz; para que el comienzo de su día sea el más satisfactorio y fortificante. Construir una base sólida para comenzar el día le hará exitoso en cada área de su vida.

Las horas matutinas son las más importantes del día. Para optimizar-las, debemos estar conscientes de nuestro reloj interno de 24 horas (ritmo circadiano) y su papel en nuestras funciones cerebrales. De hecho, exis-te una batalla biológica entre nuestras regiones cerebrales, los sentidos y el sistema nervioso. Dicha confrontación desempeña un papel vital para determinar si podemos establecer, con éxito, nuevas y poderosas rutinas mañaneras. ¿Qué nos proponemos? Bueno, aprender a manejar eficiente-mente nuestro amanecer y el resto del día. Cada región del cerebro es de extrema importancia para el rendimiento general de la vida, y todas están interconectadas, así que dependen unas de otras. Gran parte de la huma-nidad ignora por completo las deficiencias de la estructura y la función de este imprescindible órgano. Aprender a dominar su psicología a través de una mejor comprensión de la neurociencia lo empoderará mucho más de lo que se imagina.

Para comenzar debe saber que en su cerebro hay dos fuerzas internas en constante pugna. Se les llama: el Lagarto y el Mago y ambas coexisten dentro de su cabeza.

Agradecimientos

La *mente alerta* es la integración de nuestras experiencias colectivas, investigaciones, vida, voluntariado y formación profesional en ciencia y medicina. Un sinnúmero de estudiosos, maestros, colegas, familiares y amigos nos inspiraron y nos enseñaron. Cada uno ha desempeñado un papel esencial en nuestro desarrollo colectivo, como marido y mujer, e individualmente como profesionales. Decidimos elaborar este libro para convertir la investigación científica y la cultura en un repertorio de soluciones del mundo real. Queremos que las personas aprendan cómo usar su cerebro de tal manera que se sientan mejor y disfruten de una vida más satisfactoria.

En primer lugar, le agradecemos al doctor Michael Smith. En el 2010, nos reunimos en su laboratorio de fisiología integradora. Allí, no solo fue nuestro profesor, sino que también formó nuestra comprensión de la fisiología, el estudio científico de los mecanismos estándares y las interacciones presentes en un sistema vivo.

Como investigador inaugural de la Gates Millennium Scholars (GMS), yo (Rob) quisiera agradecer a Bill y Melinda Gates por financiar mi educación y por «asumir los problemas más complejos». Gracias a la Sociedad Fisiológica Norteamericana por apoyar mi educación y mis investigaciones para resolver los principales problemas que afectan la vida y la salud.

Somos los autores de las ideas y los pensamientos que aparecen en este libro. Sin embargo, la evidencia científica y los conceptos que presentamos constituyen el trabajo de muchos científicos, clínicos y académicos brillantes. Ellos influenciaron enormemente nuestros conceptos fundamentales sobre el comportamiento humano. Extendemos nuestro agradecimiento a todas aquellas personas que nos ayudaron a conformar nuestro libro: a quienes nos apoyaron, intercambiaron ideas, leyeron, hicieron acotaciones, ofrecieron comentarios, nos permitieron citar sus textos y colaboraron en la edición, la revisión y el diseño. También le agradecemos a nuestro agente literario, Giles Anderson, quien nos guio y nos aconsejó durante todo el proceso.

Le agradecemos a la Asociación Internacional de Valores Humanos por permitirnos servir como voluntarios y ayudar a los veteranos y víctimas de traumas afectados por el estrés y los peligros de la vida. Un agradecimiento especial a nuestro maestro espiritual, su santidad Sri Sri Ravi Shankar, por su sabiduría y guía en nuestra vida.

Estamos muy agradecidos a nuestros familiares por su aliento y apoyo incondicional mientras preparábamos este libro: Camilla (Querida), Mary, Robert, Ashley, Shashikala, Pradnya, Prashant, Manoj y Jagruti. Gracias también a nuestra hija, Rajshri, quien nos apoyó, aunque no teníamos tiempo para jugar con ella. Realmente fue un viaje largo y exigente para la familia.

Breve resumen de las partes

∎

PARTE I: EL RELOJ DEL CUERPO HUMANO aborda los aspectos físicos y biológicos durante la mañana. Explicamos los ritmos circadianos y mostramos lo que sucede en su cuerpo cuando duerme y cuando despierta. Esta parte examina cómo los diferentes cambios corporales lo afectan en la práctica y propone los mejores momentos para la realización de diversas actividades como hacer ejercicios, comer, dormir y despertarse de manera que maximice su rendimiento en estas áreas.

PARTE II: LA MENTE Y EL CUERPO DURANTE LA MAÑANA trata sobre los aspectos mentales de este momento del día. Presentamos algunas herramientas espirituales muy atractivas que sirven para aprovechar al máximo las horas matinales, incluida la formación de la autodisciplina, la adquisición de nuevos hábitos de ayuda y el desarrollo de la creatividad por medio de la escritura en la mañana.

PARTE III: OPORTUNIDADES PARA EL RESTO DEL DÍA interrelaciona los aspectos físicos y mentales de las mañanas. Consideraremos cómo aprovechar al máximo estas y otras horas del día, que lo prepararán para una buena noche de sueño con un correspondiente despertar victorioso. Abordamos los ejercicios, la comida, el sueño, la hidratación, la relajación y la meditación. Al final, vemos cómo algunas de las personas más exitosas del mundo comienzan su día y les ofrecemos más ideas y herramientas para dominar sus amaneceres.

Introducción
El Lagarto y el Mago

■

«El cerebro es un órgano maravilloso. Comienza a trabajar en cuanto nos levantamos y deja de hacerlo en cuanto entramos a la oficina».

—ROBERT FROST

DESDE LA PERSPECTIVA tanto anatómica como evolutiva nuestro cerebro puede dividirse en tres regiones: cerebro de reptil, cerebro de mamífero y cerebro humano. Examinaremos cómo cada una de estas áreas juega un papel vital en todo lo que hacemos en la vida. Si comprendemos mejor nuestra anatomía cerebral, la fisiología de nuestros sentidos y la función del cuerpo humano, podemos optimizar el rendimiento del cerebro y del cuerpo.

El cerebro de reptil (el Lagarto)

Ubicado en la parte superior de la columna vertebral, el cerebro reptiliano, o complejo R, está formado por el tronco cerebral, el cerebelo y los ganglios basales. Se cree que esta región existe desde la época de nuestra historia evolutiva en que éramos lagartos; de ahí su nombre. Controla funciones vitales como la respiración, la frecuencia cardíaca y también es responsable de la supervivencia y de emociones básicas como el miedo. Esta parte primitiva vela por nuestra supervivencia. Sin embargo, es también la responsable de sabotear nuestros planes y objetivos y a menudo nos refrena. (Ver figura, página siguiente).

El Lagarto habla cuando decidimos no hacer algo porque es demasiado arriesgado, tememos lo que pensarán los demás, perderemos algo, terminaremos en bancarrota, solos o muertos. El Lagarto no aprende de los errores y reacciona de inmediato, en lugar de pensar y responder con calma. Al igual que un reptil, explora de continuo su entorno para detectar posibles peligros. Cuando se siente amenazado, rápidamente se vuelve dominante y prevalece sobre patrones más sofisticados de pensamiento y conducta. Es entonces cuando experimentamos pánico y miedo.

EL CEREBRO REPTILIANO

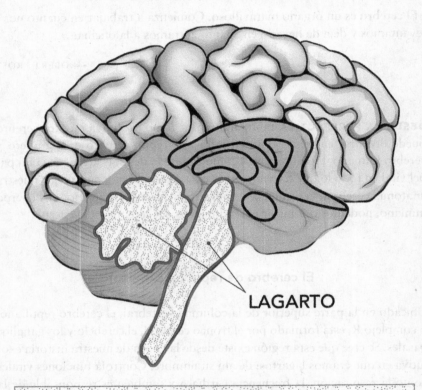

LAGARTO

PRIMITIVO

- ☑ Fiable, pero tiende a ser rígido y compulsivo
- ☑ **Controla las funciones vitales:**
  Frecuencia cardíaca, respiración, temperatura corporal y equilibrio
- ☑ Se encarga de la lucha, el vuelo, la alimentación y el miedo
- ☑ Respuestas automáticas sin pensamiento consciente

Las preocupaciones del Lagarto se reducen a preservar la vida: tener suficiente comida, poder reproducirse, reaccionar a la información sensorial, a las nuevas situaciones y establecer su posición en las jerarquías sociales. Para lograrlo usa la respuesta de lucha o huida. Sus comportamientos son automáticos e instintivos, incluyendo la agresión, la dominación, el racismo, el engaño, la «sangre fría», la rigidez, el ritual y la defensa de su territorio.[1] El comportamiento Lagarto puede causar problemas, desde cosas sencillas como discusiones injustificadas con compañeros de trabajo, amigos y miembros de la familia hasta temas más complejos, como las guerras mundiales.

El cerebro de mamífero (el sistema límbico)

Al avanzar unos pocos pasos en la escala evolutiva, desarrollamos el cerebro de los mamíferos cuando nos convertimos en tales.

El sistema límbico deriva su nombre de las patas traseras (extremidades) de los perros porque se parece a estas. Consiste en el hipocampo, la amígdala y el hipotálamo. Cuando esta parte del cerebro evolucionó, nos permitió actuar a un nivel superior de conciencia, por ejemplo: cuidar de nuestros hijos, hacer juicios de valor, desarrollar la memoria a largo plazo y responder sentimentalmente ante las situaciones, en lugar de reaccionar de forma instintiva o automática.

Nuestro cerebro mamífero es el responsable de emociones más intensas como el amor, la empatía, la esperanza y otros sentimientos profundos.

El cerebro humano (el Mago)

En la actualidad, nos encontramos en un punto dentro del gran proceso evolutivo de la naturaleza en el que pasamos de los reptiles a los mamíferos, a las especies erectas que llamamos *Homo sapiens*, el término científico en latín que significa «hombre sabio», presentado en 1758 por Carl Linnaeus, el padre de la taxonomía moderna.[2] Este maravilloso proceso se refleja durante el desarrollo del cerebro en un embrión humano. La estructura de las tres regiones del cerebro se desarrollan en orden: el cerebro reptil se forma primero, luego el cerebro mamífero madura a su alrededor, después de lo cual el cerebro humano, el Mago, forma la capa más externa de este complejo y fascinante órgano.

CEREBRO HUMANO Y CEREBRO DE MAMÍFERO

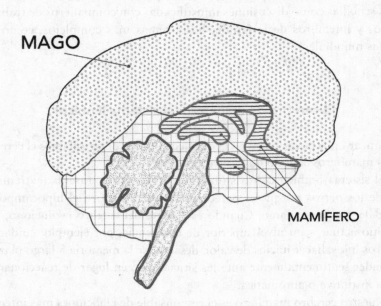

MAGO

MAMÍFERO

SISTEMA LÍMBICO	NEOCÓRTEX (NUEVO CEREBRO)
☑ Emociones humanas	☑ Dos hemisferios cerebrales grandes
☑ Juicios, a menudo inconscientemente	☑ Desarrollo del lenguaje humano
☑ Fuerte influencia en nuestro comportamiento	☑ Pensamiento abstracto, imaginación y conciencia
☑ Emoción, motivación, memoria a largo plazo, olfato	☑ Flexible y con habilidades de aprendizaje casi ilimitadas
	☑ Permitió el desarrollo de las culturas humanas

El cerebro humano está formado por los hemisferios izquierdo y derecho y por el neocórtex, el «nuevo cerebro», que es la región más importante del mismo. El neocórtex representa el 76 % de la masa general del cerebro en los humanos. Esta evolución cerebral amplió ostensiblemente la capacidad de pensamiento, de lenguaje, de sensaciones, de la percepción y la imaginación. Expandió significativamente la conciencia, la armonía social acumulativa y forjó el amanecer de la nueva cultura humana, un desarrollo mágico digno del nombre Mago.[3] (Ver figura).

¿Por qué debemos controlar el Lagarto?

Si usted tuviera que escapar de un edificio en llamas, de seguro desearía que su Lagarto se hiciera cargo. Por otro lado, si fuera un bombero que necesitara entrar al mismo edificio para rescatar a alguien, entonces sería mucho más eficiente con el Mago al mando. Al parecer, esto lleva entrenamiento. Tanto el Lagarto como el Mago ocupan sus lugares exactos para ayudarle a pensar y decidir correctamente. Uno de los mayores secretos para el logro de mañanas productivas y satisfactorias (y, por extensión, el establecimiento de una vida productiva y satisfactoria) está en identificar al Lagarto y al Mago; saber quién está al mando y aprender a modularlo a voluntad.

La supervivencia es la tarea número uno de nuestro cerebro, en especial del Lagarto. Nuestra capacidad de enfrentar la cotidianidad requiere que nos protejamos de amenazas externas y nos ajustemos o adaptemos a las fluctuaciones y pruebas de la vida. Las funciones de recuperación del cerebro de los reptiles nos ayudan a mantenernos vivos. Por eso todos nacemos con conductas de supervivencia instintivas y automáticas. Dado que son respuestas automáticas, ni siquiera necesitamos pensar antes de actuar para protegernos cuando nos sentimos amenazados o heridos (mental o físicamente). Los humanos y todos los demás vertebrados tienen formas intuitivas de defensa cuando están amenazados o heridos. Los instintos de enfrentamiento del cerebro reptil son esconderse o atacar para proteger nuestra vida. Un tipo de conducta de enfrentamiento reptil es mostrar que se es más fuerte o más corpulento que otros mediante la agresión, la amenaza de violencia, ya sea física o psicológica. Esto podría incluir, por ejemplo, afirmar su dominio en un grupo de personas o reírse de la desgracia de los demás. Tal comportamiento de Lagarto se observa en los estudiantes que se pelean durante el recreo o los acosadores que amenazan y lastiman a otros.

La ira, usada para asustar a los demás y evitar que nos destruyan o nos controlen, es otra respuesta automática del cerebro reptiliano. Cuando mostramos enfado, no solo intimidamos a otros, también nos preparamos para la batalla. En los seres humanos, los comportamientos agresivos y los sentimientos como la ira aumentan la presión arterial y el ritmo cardíaco porque liberan las hormonas del estrés (las cuales nos preparan para la pelea o para la fuga, también llamada *vuelo*).

Los reptiles y todos los mamíferos, incluidos los humanos, tienen cerebros de reptiles que provocan la ira para protegerse y evitar que otros los dañen a ellos o a sus descendientes. A menudo los humanos se enojan sin razón cuando hieren sus sentimientos. Una buena manera de recordar esta parte de nuestro cerebro de enfrentamiento es cambiar la raíz de la palabra «animosidad» y ponerle «peligro» delante. Así es como el cerebro de supervivencia del Lagarto provoca «ANIMO-SIDAD» ante la «PELIGRO-SIDAD».

El miedo es una respuesta instintiva y prehistórica que nos ayuda a evitar amenazas, lesiones o muerte. Si estamos excursionando y nos topamos con un oso salvaje o un puma, con seguridad temeremos por nuestra vida; pero también nos amedrentamos ante aquellas cosas que por experiencia sabemos que pueden dañarnos. Un temor que aprendemos automáticamente es no tocar una estufa caliente. Otros pavores comunes son el miedo a las arañas y a otros insectos que suelen esconderse y morder, así como a las serpientes y los animales salvajes. Cuando sentimos un temor constante a algo en específico entonces nos encontramos ante una fobia.

La venganza o la represalia son la necesidad del cerebro de Lagarto de vengarse o «desquitarse» con los demás cuando percibimos que nos lesionaron, nos amenazaron o nos quitaron algo que valoramos. Por lo general, esta revancha provoca más violencia entre los humanos, ya que ambas partes en conflicto utilizan las respuestas de los lagartos para aumentar su amenaza mutua. La necesidad de venganza del Lagarto hace que los humanos castiguen a personas o grupos que los lastiman con sus acciones o palabras.

Sabemos que un ataque de Lagarto puede convertirse rápidamente en conflictos violentos e iniciar guerras entre grupos o países. La venganza se deriva de los primitivos instintos cerebrales del Lagarto, y si no aprendemos a controlarlos, pueden hacer que odiemos o ataquemos a tipos o grupos particulares o, incluso, a culturas enteras. Este cerebro, en control y en su forma extrema, puede crear genocidio.

Una de las formas más primitivas en que el cerebro de Lagarto intenta protegernos es unir fuerzas con los demás. Esto se manifiesta en los adolescentes o adultos cuando andan en pandillas o compiten para «ganar» o dominar a otro equipo en algún deporte o competición. Los equipos deportivos universitarios o profesionales son ejemplos de cómo el cerebro reptiliano nos induce hacia el tribalismo. La mayoría de los equipos deportivos profesionales llevan el nombre y tienen fanáticos de ciertas ciudades. Cuando los equipos de diferentes ciudades juegan unos contra otros, desarrollan una rivalidad feroz. Los lagartos de estos grupos rivales están en todo su apogeo cuando se trata de apoyar y defender su «tribu».

Como son territoriales, nuestros instintos de Lagarto también hacen que nos protejamos y aumentemos nuestro sentido de seguridad al establecer y defender un espacio donde vivir. Por eso los humanos y otros animales luchan con frecuencia para proteger a su familia, su hogar o su tierra. El tribalismo del Lagarto también fortalece nuestra identidad civil al ser parte de un grupo social, nación, religión o partido político. Otros tipos de comportamientos territoriales son la exclusión y la crítica a quienes son diferentes a nosotros y están fuera de nuestro grupo.

Los instintos cerebrales de Lagarto van más allá de lo que se necesita para nuestra supervivencia; incluyen la durabilidad y la defensa de «género» y especie, a través de la selección de parejas para asegurar una descendencia. Todos los vertebrados, incluidos los humanos, tienden a aparearse con su propia especie. Tenemos un impulso instintivo que nos lleva a multiplicarnos. A menudo nos atraen los posibles congéneres con quienes compartimos cualidades o características deseables que admiramos. Por lo tanto, tenemos hijos como nosotros cuando creamos nuestra propia familia.

El cerebro de Lagarto enseguida clasificará a las personas que conocemos como amigas, enemigas, comida o apareamiento. Aunque es útil en tales distinciones, el Lagarto carece de una comprensión profunda que solo disponen los centros de pensamiento superior del cerebro. Cuando se le permite gobernar y tomar el control el Lagarto a menudo es contraproducente y puede acarrear problemas de salud, falta de control para lograr los objetivos personales y pésimas experiencias matutinas. Los humanos siempre actuarán como lagartos o caimanes si resultan amenazados, o heridos si carecen de otras funciones cerebrales de afrontamiento que controlen los impulsos instintivos del Lagarto.

Ahora que entiende cómo y por qué el Lagarto se comporta de esa manera, puede imaginarse lo poderoso que resultaría acceder al Mago. Antes de descubrir con exactitud cómo manejar su Lagarto analizaremos en detalles lo que ocurre en nuestros cuerpos y mentes en las primeras horas de la mañana. Desarrollar este conocimiento profundo lo pondrá en una posición de mando para acceder al Mago y reducir la influencia del Lagarto.

Le enseñaremos cómo «piratear» al Mago, la parte de su cerebro que lo separa del resto del reino animal. Al hacerlo, tendrá éxito en todo lo que se proponga. Gustosamente su Mago le proporcionará un razonamiento eficiente combinado con capacidades de planificación y comunicación que anularán el gobierno del Lagarto, de tal manera que usted comprenderá que puede perseguir esos objetivos, sueños y aspectos que en realidad le importan en la vida, empezando por levantarse temprano y feliz por la mañana.

Comienza el pirateo al Mago

El comportamiento del Lagarto es automático. La mayoría de los individuos que entran en el modo Lagarto no son conscientes del momento en que ocurre la transformación. Ellos no tienen las herramientas ni el conocimiento necesario para superar sus Lagartos hasta que se dan cuenta de que esta región arcaica de su cerebro es la que, solapadamente, produce una conducta que a ellos les parece personal.

Tener conciencia del Lagarto es el primer paso para librarse de sus garras. Una vez que entendemos cómo y por qué funciona, podemos alejarnos de él y reducir su influencia en nuestra actuación. Cuando desarrollamos la respuesta de lucha o huida ante algún estímulo externo, el Lagarto desvía el suministro de oxígeno de nuestro cerebro mágico a las partes del cuerpo que necesitan responder físicamente a la situación. La clave para que nuestro Mago recupere el control es proporcionarle más oxígeno, lo cual se puede hacer a través de la meditación y la relajación, con énfasis en la respiración. (Exploraremos algunas de estas técnicas y conceptos más adelante).

Nuestra respiración está interrelacionada con el estado emocional: cada emoción tiene un patrón de respiración correspondiente.[4] La respiración consta de tres etapas: inhalación, exhalación y pausa. La dinámica de estos tres momentos determina nuestro estado emocional. La ira provoca respiraciones lentas seguidas de resuellos rápidos y agudos, por lo general en forma de expresiones agresivas como el grito, seguido de una larga pausa. La depresión provoca una respiración corta y superficial. El cerebro no recibe suficiente oxígeno, y esto nubla nuestra percepción.

Frente a algo nuevo que nos inspira, tendemos a inhalar y contener la respiración casi sin notarlo «perdemos la respiración» y exhalamos con lentitud, después de una breve pausa. Con rapidez inhalamos y exhalamos con breves pausas intercaladas, si estamos emocionados o ansiosos. Debido a que, por lo general, ignoramos nuestra respiración, reducimos la capacidad de identificar y manejar emociones tales como el estrés, la ira o la depresión, todas provocadas por el Lagarto. Cuando controlamos nuestra respiración en un patrón que nos apoya emocionalmente, aumentamos el flujo de sangre al cerebro y activamos el neocórtex (el Mago). Entonces pensamos de manera más clara y serena, lidiamos mejor con las situaciones y evitamos el modo Lagarto.

La meditación también puede aumentar los neurotransmisores del placer como la dopamina y la serotonina, conocida como la «hormona de la felicidad». De esta manera regresamos a un estado mental y emocional más equilibrado y pacífico. Nuestro Lagarto quiere permanecer en su zona de seguridad, y sentirse bien, pero el aumento de los neurotransmisores positivos reducen la ansiedad y acallan sus temores. La meditación puede reducir el estrés y la depresión. Un estudio realizado por el Instituto John F. Kennedy de Dinamarca, descubrió que los participantes que practicaban meditación yoga nidra tenían niveles elevados de dopamina, la hormona responsable de la motivación y del buen humor. La Escuela de Medicina de la Universidad de Toho, en Japón, realizó un estudio en individuos que practican meditación zen y descubrió que experimentaban un aumento significativo en los niveles de serotonina mientras meditaban.[5]

La Universidad de Stanford realizó un estudio en veteranos militares de Estados Unidos que regresaban de Afganistán e Irak con trastorno debido a estrés postraumático o TEPT. Dicho estado es básicamente una activación excesiva del Lagarto provocada por la exposición a eventos traumáticos, lo que conlleva a una respuesta prolongada al estrés. El estudio realizó un seguimiento de una semana a los veteranos mientras practicaban Sudarshan Kriya Yoga, una meditación de respiración.[6] Los participantes experimentaron una reducción en la ansiedad y los síntomas de TEPT. La aplicación de tales técnicas sencillas es, sin duda, una alternativa útil y gratuita al «éxito limitado de los tratamientos convencionales para veteranos con trastorno de estrés postraumático». Es posible que los profesionales, por medio de estas técnicas, accedan al modelo de respiración asociado con un estado emocional positivo.

PARTE I

EL RELOJ DEL CUERPO HUMANO

Capítulo 1
El cuerpo humano en la madrugada

■

«Confío en que todo sucede por una razón, incluso si no somos lo suficientemente inteligentes como para verlo».

—OPRAH WINFREY

ANTES DE QUE se despierte por la mañana su cuerpo está experimentando procesos complejos que su mente ignora por completo. El cuerpo humano es un organismo inteligente, formado por miles de millones de células diminutas, cada una con su propia inteligencia y responsabilidades. Todas las células de nuestro cuerpo tienen su propio «reloj celular», responsable de ayudar a cada una en la regulación del tiempo y la naturaleza de sus funciones. Por ejemplo, gobiernan procesos tales como el uso de energía y la reparación o replicación del ADN.

Muchos de los órganos primarios del cuerpo también tienen su propio reloj. Esta función de cronometraje desempeña un papel importante en la forma en que piensa, se siente y se desempeña diariamente. Desarrollar una comprensión del funcionamiento interno de tal mecanismo del cuerpo es una forma eficaz de mejorar la autoconciencia y crear una rutina que lo catapultará de las mañanas ojerosas a establecer siempre un excelente comienzo para sus jornadas.

Los ritmos biológicos que afectan su cuerpo

Los ritmos circadianos, también conocidos como el «reloj corporal», se refieren a procesos en nuestro cuerpo que se rigen por ritmos de 24 horas. Estos ritmos también actúan sobre otros organismos tales como plantas y animales. Al presente la información acumulada en cuanto a estos ritmos es solo parcial; aun así, resultan fascinantes. Antes se pensaba que nuestros ritmos biológicos tenían un ciclo de veinticuatro horas, pero algunas evidencias recientes sugieren que pueden ser más extensos. ¿Es posible que el cuerpo humano posea un ritmo diferente al del planeta?

El reloj del cuerpo regula procesos fisiológicos tales como despertarse, comer, dormir, las funciones del sistema inmunológico y de los órganos principales. El organismo determina dichos procesos desde dentro, pero también pueden responder a señales externas como la luz, los olores y la temperatura.

Alterar los ritmos naturales del reloj corporal puede ocasionar diversos problemas de salud, incluido un mayor riesgo de obesidad, trastornos cardiovasculares y depresión. Tomar conciencia de dichos ritmos naturales lo ayuda a trabajar en armonía con su cuerpo para aprovechar al máximo los mejores momentos del día. Cuanto más sepa sobre sus niveles de energía y los efectos de los ritmos circadianos, podrá tomar mejores decisiones y planificar de manera eficiente sus actividades diarias, especialmente durante la mañana.

La medicina china enseña que los ritmos circadianos determinan la salud no solo del sistema inmunológico, sino también de cada órgano interno. Tales ritmos identifican los auges y depresiones de la función de cada órgano a lo largo del día. En esencia, los ritmos circadianos regulan la atención interna de los recursos biológicos para curar y reparar los órganos, y cada órgano recibe su propio segmento de tiempo todos los días.

A continuación, mostramos una tabla de los órganos y su tiempo máximo de rendimiento durante el día. En este tiempo, cada sistema de órganos recibe su reparación.

TIEMPO	ÓRGANO	TIEMPO	ÓRGANO
11 p. m. – 1 a. m.	Vesícula biliar	11 a. m. – 1 p. m.	Corazón
1 a. m. – 3 a. m.	Hígado	1 p. m. – 3 p. m.	Intestino delgado
3 a. m. – 5 a. m.	Pulmones	3 p. m. – 5 p. m.	Vejiga
5 a. m. – 7 a. m.	Intestino grueso	5 p. m. – 7 p. m.	Riñón
7 a. m. – 9 a. m.	Estómago	7 p. m. – 9 p. m.	Pericardio (saco del corazón)
9 a. m. – 11 a. m.	Bazo	9 p. m. – 11 p. m.	Quemador triple

Para saber el tiempo de bajo rendimiento de cada órgano, simplemente mire el lado opuesto de la tabla. Por ejemplo, de 1:00 p. m. a 3:00 p. m. es el momento más débil para el hígado, pero el de funcionamiento óptimo del intestino delgado. Ello explica el tiempo previsible de los problemas de salud que ocurren de acuerdo con el funcionamiento inferior del período de cada órgano. Los pulmones expulsan desechos entre las 3 a. m. y las 5 a. m. Por eso algunas personas comienzan a toser en ese horario de la mañana. El intestino grueso trabaja a toda máquina desde las 5:00 a. m. hasta las 7:00 a. m. A esta hora es cuando su cuerpo necesita más agua para limpiarse y es el peor momento para la ingestión de cafeína porque puede deshidratarse. Aprenderá que tomar café no es la práctica más eficiente para levantarse por la mañana. Por fortuna existen alternativas bastante atinadas y sin efectos adversos. Sin embargo, el aroma del café puede resultar atrayente y tener un impacto profundo y positivo en la función cerebral y el estado de ánimo en la mañana. Sí, ¡puede beneficiarlo sin ni siquiera darle un sorbito!

Entre las 7:00 a. m. y las 9:00 a. m., el estómago está haciendo su trabajo. Algunas personas creen que este es el mejor momento para desayunar. Otras recomiendan esperar hasta más tarde para permitir que este órgano se autorepare. Así que recomiendan empezar el día consumiendo lentamente, solo líquidos tibios. El agua con un poco de jengibre o un té sin cafeína son excelentes para la rehidratación matutina.

El bazo se limpia entre las 9:00 a. m. y 11:00 a. m., el momento en que las personas son más propensas a la gripe o las alergias. Entre las 9:00 p. m. y a las 11:00 p. m., el «Quemador triple», término de la medicina china no del todo reconocido por la occidental, está en su horario pico. La filosofía oriental describe el «Quemador triple» como una compleja comunicación y sincronización de los cinco sistemas de órganos importantes (corazón, riñón, hígado, pulmón y bazo) y se cree que es responsable de supervisar nuestra salud nutricional y la función inmunológica. Además, se ha teorizado que el Quemador triple desempeña un papel importante en el mantenimiento de un diálogo cohesivo entre estos sistemas de órganos y nuestro entorno externo. Alrededor de la media mañana, después de su papel activo como miembro del triple quemador, el corazón se está «reparando» a sí mismo. Es la hora del día con más alto número de ataques cardíacos, especialmente entre los hombres de mediana edad.

Con este vistazo, podemos observar las intrincadas e inteligentes relaciones que ocurren a través de los ritmos circadianos que supervisan la distribución sistemática de los recursos del cuerpo. También nos da una idea de la importancia de saber qué sucede dentro de este en distintas horas, y cuándo su energía alcanza el más alto o bajo nivel.

Control de los ritmos: Inherente versus ambiental

Hay varios factores internos y externos que rigen los ritmos circadianos. Dentro, tienen un «reloj central» que se encuentra en el hipotálamo, específicamente en las células nerviosas conocidas como el núcleo supraquiasmático o NSQ; quien es el encargado de orquestar estos procesos complejos a través de todo el cuerpo humano. En los últimos años, los científicos han descubierto que cada uno de nosotros tiene un ritmo circadiano único basado en nuestra herencia genética, lo cual constituye el elemento inherente de nuestros ritmos circadianos. Al mismo tiempo, la luz del entorno afecta el NSQ. Este es un esfuerzo cooperativo entre la naturaleza y la nutrición que mantiene nuestros procesos corporales funcionando de manera óptima.

Un elemento clave del reloj circadiano es la producción de hormonas como la melatonina y el cortisol. La primera se produce por la noche en la glándula pineal, porque para producirla necesita la oscuridad. La melatonina regula el sueño y los ciclos reproductivos, que pueden desequilibrarse si las personas no duermen lo que deben o el reloj de su cuerpo se confunde con su horario, como los turnos nocturnos de trabajo. La melatonina comienza a ser secretada alrededor de las 9:00 p. m., momento aproximado en que lo ideal sería que nos relajáramos mentalmente, apagáramos nuestros equipos eléctricos («sí, en modo avión») y nos dispusiéramos para ir a la cama.

Quedarse hasta tarde viendo la televisión, aunque parezca atractivo, no es lo más recomendable para que el cuerpo funcione mejor. El viejo proverbio realmente es cierto: «temprano a la cama, temprano a la mañana». De hecho, nuestra familia desde hace varios años eliminó todos los televisores o las «aspiradoras de tiempo» de las habitaciones para evitar la tentación de un episodio más de nuestra miniserie favorita.

El mejor momento para dormir, comer o realizar actividades físicas

Las exigencias de nuestros estilos de vida diarios a menudo chocan con los ritmos con los que nuestro cuerpo funciona mejor. Afortunadamente, la comprensión de estos ciclos naturales nos brinda información valiosa sobre cómo podemos estructurar los elementos más fundamentales del día: comer, dormir y hacer actividad física. Si puede construir con éxito su programa alrededor de los ritmos circadianos, su salud se beneficiará de forma impresionante y también aumentará su productividad.

Los tiempos óptimos de vigilia y de sueño

El mejor momento para levantarse por la mañana varía de una persona a otra. Sin embargo, de acuerdo con la edad existen algunas recomendaciones. Nuestros ritmos circadianos se ajustan a medida que envejecemos y el instante óptimo para levantarnos es más temprano. El investigador de la Universidad de Oxford, el doctor Paul Kelley, ha estudiado los ciclos de sueño de personas de distintas edades, y llegó a las siguientes conclusiones sobre el mejor momento para despertar según cada grupo etario:[1]

GRUPO ETARIO	TIEMPO ÓPTIMO PARA DESPERTAR	TIEMPO ÓPTIMO PARA DORMIR
Adolescentes	10:00 a. m.	Medianoche
20 años	9:30 a. m.	1:00 a. m.
30 años	8:00 a. m.	11:40 p. m.
40 años	7:30 a. m.	11:30 p. m.
50 años	7:00 a. m.	10:30 p. m.
60 años	6:30 a. m.	10:00 p. m.

Sus hallazgos son sorprendentes. Al considerar el patrón dominante (nueve a cinco) de la jornada laboral en nuestro mundo moderno, el doctor Kelley comentó: «Tenemos una sociedad privada de sueño. Eso agrede los sistemas corporales porque afecta los sistemas físicos, emocionales y de rendimiento del cuerpo [...]. No podemos cambiar nuestros ritmos de 24 horas».[2] Cuando somos adolescentes y el cuerpo está creciendo, los ritmos circadianos están biológicamente programados para ir a dormir tarde, cerca de la medianoche y para despertarnos tarde, alrededor de las 10:00 a. m. Esto lo convierte en el momento ideal para desarrollar nuestras actividades. Cuando nos faltan horas de sueño, se elevan los niveles de cortisol, la hormona del estrés y se reducen los neurotransmisores, lo que conduce a una disminución en la concentración y a un aumento en el «estado de ánimo» algo característico de este grupo etario.

Nuestros ritmos circadianos chocan con los horarios de la mayoría de las instituciones académicas, que comienzan mucho antes. Los cerebros de los adolescentes y de los niños pequeños no están preparados para asimilar la información de manera adecuada en ese momento.[3, 4] La doctora Kelley, directora de una escuela en el Reino Unido, descubrió que cambiar la hora de inicio de clases a las 10:00 a. m. produjo un aumento del 19 % en las calificaciones de sus estudiantes.[5] Imagine la repercusión para el desempeño personal en todas las áreas de su vida. Puede despuntar simplemente trabajando en armonía con los ritmos naturales de su cuerpo. En la medida en que envejecemos, en particular más allá de los treinta, dormimos menos. Por fortuna el reloj corporal se ajusta para el aprovechamiento de nuestros ritmos naturales si nos acostamos antes.[6, 7, 8]

Las horas óptimas para comer

Estos momentos le dan a nuestro cuerpo la oportunidad de digerir de forma adecuada los alimentos antes de acostarse.[9] En cuanto al desayuno, el momento de levantarse juega un papel importante en la elección de cuándo comer. Si usted es de los que se acuestan tarde y se levantan tarde, como los adolescentes, entonces lo más beneficioso es desayunar ligero y concentrarse en el almuerzo y la cena para reunir la cantidad diaria de calorías recomendada.[10] Por el contrario, si se acuesta temprano y se levanta temprano, como alguien de cincuenta o sesenta años, debe desayunar abundantemente para estar bien alimentado durante el día y comer poco durante la cena. De esta manera su cuerpo puede procesar mejor los alimentos.[11, 12]

GRUPO ETARIO	HORAS ÓPTIMAS PARA COMER (COMIDA EN LA NOCHE)
Adolescentes	10:30 p. m.
20 años	9:30 p. m.
30 años	8:00 p. m.
40 años	8:00 p. m.
50 años	7:00 p. m.
60 años	6:30 p. m.

Las horas óptimas para la actividad física

Quizás usted es de los que piensa que no existe un momento óptimo para realizar ejercicios. A lo mejor prefiere no hablar del tema o dejarle la cuestión de los deportes a su vecino que se entrena para ganar el maratón. Bueno, el mejor momento para realizar actividad física es de la tarde a la noche, cuando varios componentes beneficiosos de los ritmos circadianos pueden hacer que esta tarea indeseable sea un poco más placentera. Estas son las horas de mayor temperatura corporal, así que los músculos se calientan y están listos para el ejercicio. Además, la producción de testosterona alcanza su punto más elevado, mientras que la producción de cortisol está en su nivel más bajo, lo que aumenta su potencial de rendimiento. Si usted es de los que siempre están cansados, más tarde durante el día es el mejor momento para beneficiarse de esta dinámica hormonal, conocida como relación testosterona / cortisol (relación T / C). Dicha proporción se usa por lo general para describir la eficiencia y se ha demostrado que un alto grado de T / C se asocia al momento en que su cuerpo está más preparado para entrenar y recuperarse de la actividad física.[13] Tenga en cuenta que estas guías no son definitivas, e indudablemente, algunas personas verán que no se ajustan a este programa porque sus ritmos circadianos marchan al compás de un tambor diferente, *o eso es lo que creen*.[14, 15]

GRUPO ETARIO	HORAS ÓPTIMAS PARA LA ACTIVIDAD FÍSICA
Adolescentes	6:30 p. m.
20 años	5:30 p. m.
30 años	4:00 p. m.
40 años	4:00 p. m.
50 años	3:00 p. m.
60 años	2:30 p. m.

Evite los malos horarios

Entender cuál es el mejor momento para realizar diferentes actividades a lo largo del día también nos aclara cuándo es mejor evitar ciertas actividades.

Algunos de nuestros comportamientos, arraigados en las normas sociales, afectan la fisiología del cuerpo.

La luz es la principal influencia externa sobre los ritmos circadianos y la manera en que alineamos nuestro comportamiento con la salida y la caída del sol afecta la calidad de nuestro desempeño. Un problema importante que la humanidad enfrenta hoy es la luz artificial de las pantallas y otros dispositivos tecnológicos porque confunden el reloj del cuerpo. Pensamos que debemos permanecer despiertos. La luminosidad inhibe la liberación de melatonina, la hormona que rige el sueño. Para empeorar las cosas, esta estimulación con luz artificial usualmente ocurre justo al final del día, justo cuando deberíamos estar relajándonos.

Tomar café por la mañana es el subproducto común de estar despierto hasta tarde. En un estudio publicado en la revista *Science Translational Medicine*, los investigadores encontraron que el consumo de cafeína también puede retrasar la liberación de la dosis nocturna de melatonina. Esto conlleva al círculo vicioso de quedarse despierto hasta altas horas, estar más cansado por la mañana y, por lo tanto, desear un café de nuevo.[16]

Algunas personas prefieren consumir cafeína entre las 7:00 a. m. y las 9:00 a. m., cuando los niveles de cortisol están en su punto máximo. El cortisol es la forma natural del cuerpo de mantenerse alerta, así que esta doble dosis de químicos estimulantes puede aumentar la tolerancia y reducir la potencia de ambos. En consecuencia, si debe tomar un café o alguna otra bebida con cafeína, el mejor momento es cuando los niveles de cortisol han disminuido. Así que el mejor horario es después de las 9:30 hasta las 11:00 am.

El cortisol juega un papel importante cuando usted se despierta a través de la respuesta del cortisol al despertar (RCD).[17] Sabemos que el hipocampo regula el aumento de cortisol que se produce durante la mañana, aunque su funcionamiento exacto es todavía un misterio. Investigadores del Dresden University of Technology's Department of Psychology [Departamento de Psicología de la Universidad Técnica de Dresde] plantean la hipótesis de que el mecanismo detrás del RCD se relaciona con la capacidad del hipocampo para dar información al sistema nervioso sobre la conciencia ambiental e instruirle sobre cómo moverse en el mundo físico. Es posible que la conciencia situacional del hipocampo y la anticipación de las actividades del día desempeñen un destacado papel en la respuesta del cortisol al despertar. Esto indica una relación sofisticada e inteligente entre el cerebro y los ritmos circadianos, que influyen en nuestras actividades de la mañana.[18]

Resumen

Siempre podemos elegir cómo vivir la vida. Comprender a fondo cómo funcionar de manera óptima de acuerdo con sus ritmos circadianos significa que puede crear un programa enfocado hacia un mejor rendimiento y un uso más eficiente de la energía. Si come cuando su cuerpo realmente lo desea, entonces necesitará menos esfuerzo para la digestión y tendrá más fuerza para la vida.

¿Qué áreas de su programa diario puede cambiar ahora mismo para mejorar su gasto energético?

CONSEJOS DEL MAGO

- El cuerpo humano es una máquina compleja regulada por sus propios relojes corporales internos.
- La luz y los factores internos como la genética son los que controlan los ritmos circadianos.
- Durante los diferentes períodos del día, los órganos principales del cuerpo tienen un momento de limpieza y un aumento de energía.
- La producción de la hormona melatonina es imprescindible para controlar los patrones de sueño y necesita de la oscuridad. En el horario de acostarse, es muy beneficioso limitar la exposición a la luz artificial.
- Los mejores momentos para comer, dormir y hacer ejercicio son diferentes según los ritmos circadianos, que cambian con la edad.
- La mayoría de nuestros estilos de vida actuales están orientados hacia ciclos irregulares de vigilia y de sueño que nos desfasan con los ciclos de la naturaleza y pueden causar problemas de salud.
- Recibimos un impulso químico natural de respuesta del cortisol al despertar durante la mañana; así que el mejor momento para tomar café es después que este estimulante natural desaparece, aproximadamente a las 9:30 a. m.

Capítulo 2
Un reloj circadiano en su nariz

■

«Es bueno el sueño que calma el delirio».

—HIPÓCRATES, *Los aforismos de Hipócrates*

LOS RITMOS CIRCADIANOS, también conocidos como el reloj del cuerpo humano, regulan mucho más que nuestros patrones de vigilia y de sueño. De forma acelerada los científicos están descubriendo que estos ritmos naturales influyen enormemente en una amplia variedad de procesos fisiológicos. Los ritmos circadianos afectan la producción hormonal, el estado de ánimo, la capacidad de concentración y otros muchos aspectos importantísimos de nuestra vida cotidiana.[1] Incluso las fluctuaciones naturales relacionadas con el día y la noche inciden en nuestros sentidos.

Hasta hace poco, se suponía que las variaciones en la sensibilidad olfativa (el sentido del olfato) dependían solo del individuo. Se pensaba que, si bien había una variabilidad individual significativa en el sentido del olfato, cada individuo tenía un umbral establecido en su capacidad para detectar olores, a menos que tuviera un resfriado u otra afección que afectara directamente su nariz. Si bien se pensaba que el estado emocional influenciaba en cierta forma nuestra capacidad para oler, la suposición general era que el sentido del olfato no variaba.[2]

Dormir y oler

Estudios recientes del Sleep for Science Research Lab (Brown Medical School) han descubierto una notable variación en nuestro sentido del olfato. Este cambio en la capacidad parece estar bastante vinculado a los ritmos circadianos. La investigación se inició para analizar el posible nexo entre el sentido del olfato y la elección de alimentos, específicamente para ayudar a los adolescentes a elegir mejor sus comidas. Sin embargo, los resultados podrían tener un impacto mucho más amplio y, sin duda, establecer preguntas interesantes sobre por qué, a lo largo de la evolución hemos desarrollado una mayor sensibilidad olfativa en diferentes momentos del día. La investigación se realizó en una muestra de treinta y siete adolescentes quienes, durante nueve días, fueron evaluados para la determinación del umbral más bajo en el que podían detectar un aroma en específico. Las muestras de saliva se usaron para establecer la fase del ciclo circadiano, y esto se representó en una gráfica contra la prueba de sensibilidad al olor.

Los resultados del estudio demostraron que el pico promedio de sensibilidad al olor ocurrió poco después de la producción de melatonina, alrededor de las 9:00 p. m. La investigación afirma: «Estos datos demuestran por primera vez que la sensibilidad olfativa no es un rasgo estable; más bien, está modulada por la fase circadiana». Por el contrario, la capacidad de oler fue menos sensible entre las 2:00 a. m y las 10:00 a. m.[3, 4]

Ventaja ancestral

Los investigadores afirmaron que el pico de sensibilidad podría haber sido beneficioso para ayudar a nuestros antepasados durante la oscuridad, cuando el sentido de la vista es naturalmente más débil. Existe una teoría que sugiere que la hipersensibilidad servía para evaluar una posible pareja, y otra, que evolucionó para ayudarnos a dormir al cerrar la entrada de «información» innecesaria.

Si bien el estudio abarcó una muestra bastante pequeña, los resultados abren una puerta interesante para investigaciones de mayor envergadura. Otros factores que afectan la sensibilidad máxima al olor también pueden haber influido en los hallazgos del estudio, incluidos el género, el peso, el desarrollo puberal y la edad. Las mujeres tendieron a superar a los hombres en las pruebas de función olfatoria, y ya hay evidencias de que el ciclo menstrual afecta la sensibilidad del olfato, específicamente la aptitud para detectar las hormonas sexuales perfumadas conocidas como feromonas. Los estudios demuestran que la capacidad de una mujer para identificar e interesarse por el olor masculino es 10,000 veces mayor durante la ovulación que durante la menstruación.[5]

Los cambios cíclicos en el sentido del olfato debido al ciclo menstrual tienen un beneficio evolutivo distinto; pero los relacionados con nuestros ritmos circadianos todavía no están del todo claros. Sin embargo, sí resalta la importancia de los detectores de humo, porque durante las primeras horas de la mañana, el sentido del olfato es menos útil; es poco probable que nos despertemos con el olor del humo.

Para los investigadores de la obesidad, este estudio sugiere que el sentido del olfato podría estimular artificialmente el apetito, lo que lleva a comer en exceso durante la noche. Comprender las relaciones entre la sensibilidad olfativa y el manejo del apetito podría allanar el camino a terapias alimentarias centradas en el olfato que alientan a las personas a oler en vez de comer. De hecho, ya existe una gama de productos de esencias de aceites diseñadas para manipular de manera acertada el apetito.[6]

¿Oler el chocolate podría ser tan agradable como ingerirlo, pero con menos calorías?

Las empresas, a pesar de las críticas, usan las fragancias para acelerar el consumo y vender productos. La revista *Time* informó que los aromas del chocolate y del pan horneado en el NetCost Market en Brooklyn, Nueva York, son del todo artificiales y los propaga una máquina.[7] El olor nos estimula e influye mucho más de lo que creemos. El poder del aroma para manipular la mente y el estado de ánimo está muy relacionado con el efecto que tiene en nuestro sistema nervioso central.

La neurociencia del olfato

La nariz y el cerebro están situados físicamente muy cerca uno del otro y tienen una conexión directa e inmediata. El olfato, o el sentido del olfato, es la detección y comprensión de sustancias químicas específicas en el aire que respiramos. Este proceso también se llama quimiorrecepción.

Por lo general, usamos el olfato para infinidad de cosas, por ejemplo, para identificar peligros como el humo, usar las feromonas para elegir una pareja adecuada y prevenir el incesto o para determinar si una comida es segura. Nuestra reacción a la fetidez de los alimentos podridos es tan fuerte que el olor químico equivalente, el mercaptano, se agrega a un gas natural inodoro para ayudarnos a detectar una fuga. El olfato también está profundamente conectado con nuestro sentido del gusto, que es de por sí bastante limitado.

La membrana húmeda dentro de la nariz, llamada epitelio olfativo, permite que los compuestos aromáticos y varios químicos se disuelvan en el moco para poderlos detectar. En los seres humanos, este tejido especializado es grueso y abarca alrededor de 4 centímetros cuadrados. Comparado con el de los perros, que abarca 25 centímetros cuadrados, nuestro olfato es bastante limitado.

Existe un flujo constante de moco para detectar y disolver los compuestos de todo nuevo olor y enviar rápidamente la información sensorial al cerebro. El moco actúa como un disolvente para los compuestos del olor y contiene enzimas y anticuerpos para prevenir cualquier infección y evitar que los patógenos lleguen al cerebro.

Cuando un olor se disuelve, un diminuto receptor olfativo captura la información, por ejemplo, la fragancia de una flor. Entonces, por medio de un sistema de pelitos sensibles, llamados cilios y células nerviosas especializadas, la información se transmite al cerebro para su procesamiento. La nariz humana tiene aproximadamente 40 millones de receptores olfativos, que contienen una célula de soporte arraigada en la membrana mucosa unida a una célula capilar olfativa. Las células ciliadas tienen una raíz incrustada, llamada axón o terminación nerviosa, capaz de estimular las células mitrales, las células nerviosas especializadas en el bulbo olfatorio.

El bulbo olfatorio comienza dentro de la nariz y se extiende hacia la base del cerebro, formando conexiones directas con la amígdala y el hipocampo. Tal conexión cerebral directa es lo que hace que el sentido del olfato, por sobre los otros, carentes de una relación tan arraigada con la memoria y los centros emocionales del cerebro, sea más propenso a desencadenar emociones. Los estudios de comportamiento que incluyen el sentido del olfato revelan que los individuos experimentan sensaciones mucho más vívidas y «reales» de retroceso en el tiempo cuando son expuestos a olores familiares, que ante cualquier otra información sensorial como el sonido o la vista. El aumento de la actividad en el sistema límbico estimula específicamente los recuerdos de la memoria, la «intensidad visual», cuando asocia datos sensoriales como el olfato y la vista. Así que, si usted desea recordar algo del pasado o guardar un recuerdo para el futuro, trate de asociarlo con una fragancia en específico.

Estimulación y detección

No se conoce con certeza el método exacto de estimulación y detección de estas células capilares olfativas especializadas. Se cree que es una propiedad de la forma molecular, la carga u otro atributo al que responden los pelitos. Cuando una molécula de olor estimula los receptores, se inicia una cadena de reacciones químicas e iónicas, que activa los nervios asociados. El número de receptores también afecta el nivel de sensibilidad del olfato del individuo. Los perros tienen millones de estos receptores olfativos, lo que hace que su sentido del olfato sea mucho más agudo.

Cuando las células mitrales en el bulbo olfatorio reciben la información, envían los datos en forma de impulsos eléctricos por todo el tracto olfativo lateral y el nervio craneal a la corteza olfatoria y otras regiones del cerebro. En este, las áreas específicas en el sistema límbico, incluyendo el hipocampo, el hipotálamo y la amígdala, tienen que ver con la memoria y el procesamiento de las emociones que son estimuladas por los datos del olfato. Los procesos emocionales y de la memoria en el sentido del olfato producen tales fuertes asociaciones y evocan recuerdos olvidados cuando inhalamos un aroma familiar, incluso después de décadas.

La estimulación de los recuerdos a través de aromas específicos puede ser una experiencia positiva, pero también bastante dolorosa. En casos extremos, como el trastorno de estrés postraumático, ciertos olores particulares pueden desencadenar intensas emociones del pasado que a menudo nos debilitan.[8, 9, 10] Cuando ocurren eventos traumáticos, como un accidente automovilístico o un robo, nuestro cerebro de Lagarto se prepara para enviar oxígeno a nuestras piernas y busca activamente cualquier oportunidad para escapar del peligro. La tarea del cerebro Mago es comprender qué y por qué sucede en vez de evitar la amenaza. Es probable que, en situaciones tensas y pavorosas, usted no se percate de la fragancia del perfume o del color de la camisa de la persona que intentó atacarlo.

El cerebro recolecta impulsos eléctricos de nuestros cinco sentidos para de esta manera crear un todo significativo a partir de un momento traumático o inolvidable. El sentido del olfato juega un papel vital en este proceso de «reanimación».

Algunas regiones específicas del cerebro son las que reciben, decodifican, comprenden y manejan la información recibida del olfato. La corteza piriforme anterior parece ser responsable de decodificar la estructura física y química de la molécula de olor, mientras que la corteza piriforme posterior busca similitudes con fragancias conocidas y las asociaciones de formas. Luego estos datos se transmiten a través del tálamo a la corteza orbitofrontal, responsable de nuestro reconocimiento consciente y de la percepción del olfato. Las proyecciones del complejo sistema nervioso relacionadas con este sentido van directamente a los centros del cerebro encargados del aprendizaje, las emociones, la motivación y la memoria. Por eso, el sentido del olfato puede ser una herramienta poderosa para impulsar la acción consciente y ayudarnos a formar hábitos positivos y motivadores.

El aroma de las plantas de aceites esenciales

Casi todos nosotros conocemos las agradables fragancias que desprenden ciertas plantas, árboles y hierbas. El olor que detectamos es el aceite esencial del arbusto, que se vaporiza de manera natural y que contiene compuestos aromáticos únicos de la misma. El olor de una banana es específico, y como compuesto químico, se puede sintetizar artificialmente en un laboratorio y usarse para elaborar dulces y bebidas olorosas que, por lo tanto, tienen el mismo sabor de una banana.

Diversas poblaciones indígenas han utilizado las medicinas de origen vegetal durante miles de años. Muchos de nuestros productos farmacéuticos modernos, incluidas la aspirina y un gran número de medicamentos de quimioterapia, se obtienen de la naturaleza.[11] Por más de 6000 años, los aceites esenciales (compuestos volátiles destilados en aceites esenciales concentrados, o «esencias» puras de plantas) se han utilizado terapéuticamente.

En años recientes ha aumentado el interés en la aromaterapia, el uso de aceites esenciales para masajes, cocción de alimentos, aplicación directa en la piel e inhalación; para tratar o incluso prevenir enfermedades específicas y mejorar los estados mentales y las emociones. Por supuesto que tales prácticas han enfrentado una fuerte oposición por parte de las industrias que quieren mantener la situación actual de las medicinas artificiales, es decir, las industrias médico-farmacéuticas. A pesar de la fuerte desaprobación farmacéutica, la popularidad de estos aceites curativos alternativos sigue aumentando. Las personas les atribuyen a los aceites una amplia variedad de beneficios curativos: calmar, relajar, energizar, estimular o tratar condiciones específicas.[12, 13]

Hasta ahora, el estudio de la aromaterapia se ha concentrado en los componentes de los aceites, por ejemplo, la presencia de antioxidantes que eliminan los radicales libres.[14, 15] En cambio, algunos interesantes estudios en animales han revelado que la estimulación del sentido del olfato impacta de forma directa el sistema nervioso. Los aceites esenciales pueden manipular directamente los procesos metabólicos y nerviosos fundamentales en el cuerpo sin tener que ingerir medicamentos. De esta manera, son métodos seguros y efectivos para modular nuestro propio cuerpo y comportamiento.

Los ciclos de sueño-vigilia y los aceites esenciales

Una crítica importante al estudio científico de los aceites esenciales es la confianza en los datos subjetivos. Cuya fuente muchas veces proviene de individuos que expresan sentirse de una manera determinada tras la exposición a un aceite. Por ejemplo, sienten que duermen mejor por la noche o que están más alertas. El reporte humano de sentimientos no es en realidad confiable y no brinda datos serios y con la certeza necesaria para resistir el escrutinio de la oposición farmacéutica o la regulación de la industria.

Por fortuna, un equipo de investigadores en Tailandia publicó un innovador estudio sobre las ratas. Ellos demuestran claramente que los aceites esenciales tienen un profundo impacto fisiológico. El estudio, publicado en el *Journal of Ethnopharmacology*, mostró los efectos cuantificables, reproducibles y no subjetivos de un aceite esencial inhalado, en las ondas cerebrales y los patrones de sueño.[16] Los resultados mostraron con claridad que el aceite aumentó de forma directa y mensurable el tiempo total de vigilia, redujo el sueño de ondas lentas y no afectó el sueño de movimientos oculares rápidos (MOR). Los cambios de comportamiento y las respuestas fisiológicas se relacionaron de forma directa con los cambios en las ondas cerebrales, como las reducciones en la actividad de las ondas beta, que ocurre cuando estamos alertas y atentos. Las diversas modificaciones neurológicas que se observaron tenían variados compases: los cambios en las ondas cerebrales gamma (asociadas a la compactación de la memoria) se detectaron de inmediato y se mantuvieron durante la prueba. Ello contrasta con la reducción del sueño de ondas lentas, que se demoró unos minutos para surtir efecto y duró solo una hora. Si bien los estudios anteriores han demostrado que los aceites esenciales modifican las respuestas de los animales, por ejemplo, los ciclos de sueño, solo han usado mediciones indirectas como el comportamiento o los cambios hormonales. Esta es una de las primeras investigaciones en utilizar la medición directa de ondas cerebrales para comprobar el impacto de la inhalación, es decir, simplemente oler el aceite esencial.

Compuesto activo adaptogénico

Los compuestos adaptogénicos o de costumbre son un concepto farmacológico utilizado para equilibrar nuestra fisiología y cognición humanas. El vetiver se emplea para hacer perfumes y para cocinar. La comida tradicional hindú emplea su sabor dulce y natural. Dicha hierba también tiene un efecto refrescante parecido a la menta. Se usa para estimular los sentidos, como tónico calmante y se cree que promueve la estabilidad interna.[17] Otros estudios en animales, por ejemplo, en los laberintos para estresar ratas, mostraron que el aceite tiene un efecto calmante similar al del diazepam, que se usa clínicamente para el tratamiento de afecciones como la ansiedad y la abstinencia al alcohol.[18] La combinación de resultados relajantes y estimulantes evidencian la complicada relación simbiótica y adaptogénica que el vetiver, y muchos otros aceites esenciales, mantienen con el cerebro.

Inhalar aceites ricos en aromas es solo una forma de introducir las esencias de las plantas en el cuerpo, la sangre y el cerebro. El masaje es otra forma popular de absorber aceites, ya que penetran fácilmente en la piel y se pueden propagar con un aceite portador. El masajeo también relaja y estimula el cuerpo mientras elimina toxinas a través de los fluidos linfáticos. Las esencias de arbustos comestibles pueden destilarse en aceites terapéuticos o alimenticios. Podemos tomarlos por vía oral para añadir sabor y recibir los beneficios de las plantas.

Existe una enorme diferencia entre las fragancias artificiales que imitan el olor de una planta curativa, como la lavanda, y el aceite esencial natural con su variedad de compuestos activos. Por desgracia, lo que a menudo se comercializa como un aceite esencial barato no es más que una copia química. Recomendamos investigar y seleccionar marcas certificadas con experiencia en la extracción, el almacenamiento y el uso de estos compuestos delicados y volátiles.

Los extractos vegetales concentrados y puros, los cuales se obtienen de las raíces, las hojas, las semillas e incluso las flores de plantas bioactivas, contienen una mezcla de ingredientes activos que trabajan en sinergia. Algunos aceites son adecuados para el tratamiento físico, como prevenir infecciones y acelerar la curación de heridas; otros funcionan a un nivel más síquico o emocional, por ejemplo, reducir el estrés y ayudar a la relajación.

Su cerebro y los aceites

Aún se desconocen los mecanismos exactos de los aceites esenciales sobre el cerebro. Se piensa que los receptores del olfato en la nariz se comunican directamente con este órgano. La inhalación de compuestos volátiles que se encuentran en algunos aceites esenciales, como la lavanda, estimulan las áreas cerebrales responsables del control emocional y de la memoria (amíg-dala e hipocampo). Se piensa que la activación de estos centros de control en el cerebro influye en diversas propiedades físicas, emocionales y mentales. La estimulación específica de las emociones positivas combinadas con el toque terapéutico son posiblemente el principio de los efectos beneficiosos y relajantes del masaje de aromaterapia.

El estímulo de los neurotransmisores, receptores, hormonas o enzi-mas es otro de los mecanismos de acción que se proponen. Sin embargo, debido a la complejidad de los ingredientes activos en los aceites y nues-tra relación simbiótica con las plantas, es probable que actúen diversos mecanismos. Existe una sólida evidencia de que los aceites esenciales sí funcionan, si bien no se sabe con claridad cómo lo hacen y además se conoce que muchas veces son más seguros que sus equivalentes en forma de fármacos.

El estudio científico de estos aceites curativos, aunque en sus albores, ya ha respaldado muchos de sus usos tradicionales:

- La lavanda es uno de los aceites más estudiados. Además de sus potentes propiedades de cicatrización de heridas (especialmen-te en el tratamiento de quemaduras), tiene poderosos efectos ansiolíticos (calmantes) que mejoran el estado de ánimo al esti-mular las ondas cerebrales alfa.[19]
- También se ha demostrado que la rosa, la naranja, la berga-mota, el limón y el sándalo alivian la ansiedad, el estrés y la depresión.
- Las parteras utilizan con éxito el incienso, la rosa y la lavanda para reducir la ansiedad y el miedo después del parto, aumentar la sensación de bienestar y reducir los medicamentos para el dolor durante el alumbramiento.
- El aceite de menta reduce las náuseas y los vómitos (en espe-cial durante el trabajo de parto). Favorece la digestión y trata el dolor de cabeza producido por tensión tan eficientemente como los analgésicos de venta libre como el acetaminofén y la aspirina.
- Se descubrió que el aceite de neroli reduce la presión arterial y la ansiedad en los pacientes próximos a una colonoscopia.
- Muchos aceites esenciales tienen una fuerte actividad antibac-teriana y antifúngica, lo cual se ha verificado con pruebas *in vitro*.

- El aceite de cítricos fortalece el sistema inmunológico, restaura la inmunosupresión que produce el estrés y reduce la depresión.

- El hinojo, el anís, la salvia y el amaro contienen compuestos similares al estrógeno, los cuales parecen aliviar los síntomas del síndrome premenstrual y la menopausia.

La lista de usos terapéuticos conocidos y efectos beneficiosos de los aceites esenciales es inmensa, y la ciencia poco a poco está adquiriendo la sabiduría antigua que acreditó su uso. No obstante, a pesar de los enormes esfuerzos investigativos para validar las afirmaciones y probar los efectos, su poder curativo sigue siendo esotérico. Los tratamientos con el uso de plantas amenazan el poder y las ganancias de la industria farmacéutica, así que esta última está decidida a eliminar su uso e implementar fuertes restricciones en sus mensajes de mercadotecnia. Hoy en día, quienes conocen y han experimentado los aceites esenciales directamente, los emplean para restablecer el equilibrio, crear calma y sanar nuestras estresadas vidas modernas.

Un sueño reparador y relajante

El sueño es parte esencial de la salud física. Cuando dormimos, el cuerpo realiza una amplia gama de funciones terapéuticas y curativas que lo desintoxican, lo reparan y lo curan. Desafortunadamente, el sueño perturbado, de baja calidad e insuficiente, es cada vez más común. De acuerdo con la American Sleep Association, 70 millones de adultos tienen trastornos del sueño.[20, 21] El sueño interrumpido afecta no solo la salud individual, sino la sociedad en general: cada año ocurren 2.000 muertes en las carreteras de Estados Unidos porque los choferes se quedan dormidos ante el timón. El insomnio es el trastorno del sueño más común: el 30 % de los adultos experimenta insomnio ocasional, el 20 % experimenta insomnio a corto plazo (dura menos de tres meses) y el 10 % experimenta insomnio crónico (no puede dormir más de tres veces por semana) durante tres meses o más. Esta es una irritación leve pero extenuante, para aquellos que padecen de síntomas ocasionales relacionados con el estrés específico o la falta de condiciones ideales para conciliar el sueño. Sin embargo, puede afectar de forma severa la calidad de vida de las personas que tienen problemas crónicos, porque reduce la motivación, la memoria y la concentración y aumenta las probabilidades de accidentes, errores y depresión.

El primer paso para recuperar el control de los patrones del sueño es buscar problemas subyacentes. La sobreestimulación nocturna, la comodidad en el dormitorio y la falta de ejercicio son factores que provocan cansancio y agotan las hormonas estimulantes como el cortisol y la adrenalina. A la larga, reducir el estrés y relajarse resultan elementos fundamentales para establecer un ciclo de sueño-vigilia armonioso y equilibrado.

Sucede que a veces dichas condiciones están fuera de nuestro alcance, por esta razón necesitamos soluciones para lograr un sueño reparador. Dormir de esta forma le brinda al cuerpo un sueño reparador y le ayuda a pensar con mayor claridad en la mañana. Muchas personas recurren a soluciones farmacéuticas que crean hábitos, poseen innumerables efectos secundarios e interrumpen nuestros patrones naturales. En cambio, los aceites esenciales son una solución sencilla para lograr un sueño profundo. Los trabajadores que hacen turnos de guardia, como las enfermeras, atestiguan los beneficios del aceite de lavanda para el logro de un sueño tranquilo, de calidad y que las ayuda a adaptarse a los cambios de turnos.[22] Se ha demostrado que el aceite de lavanda reduce la ansiedad y ayuda a dormir a los pacientes de terapia intensiva. Esto acelera la recuperación y permite que el cuerpo se recupere y se sane.[23]

Está ampliamente comprobado que el aceite de lavanda posibilita un descanso de calidad. No obstante, hay muchos otros con propiedades calmantes, los cuales inducen el sueño y pueden usarse de varias maneras. Necesita cierta experimentación personal para comprobar cuáles son los aceites que mejor se adapten a su organismo y a sus preferencias. Por ejemplo, si no le gusta el olor a lavanda, entonces no le ayudará a relajarse.

Aceites para dormir y sus métodos de aplicación

Aplicación por inhalación: Puede usar difusores de aceite especializados que envían una diminuta cantidad de corriente eléctrica a través del agua para vaporizar los aceites en el aire en forma de niebla fina; o simplemente colocar unas gotas en un pañuelo de papel o de tela cerca de su cama. La inhalación es adecuada para calmar con rapidez las emociones debido a la conexión directa entre la nariz y el cerebro.

Aplicación tópica: Puede frotar unas gotas de aceite en las palmas de sus manos (que tienen una piel más gruesa y menos sensible) y luego aplicarlas sobre el pecho y los brazos para que penetren en la piel. El cuerpo calienta el aceite y esto le permite olerlo durante toda la noche. Aplicar los aceites en las plantas de los pies es otra excelente forma de introducir los compuestos terapéuticos en la sangre, sobre todo si no quiere oler el aceite, ya que está más alejado de su nariz. La aplicación tópica calmará físicamente el cuerpo, en especial el sistema nervioso.

Aceite esencial de lavanda: Es el más popular para inducir el sueño. Pruébelo y vea cómo le afecta. Para algunos, resulta demasiado fuerte. Es posible que provoque desorientación si necesita ir al baño por la noche y también hace que duerma mucho más tiempo de lo habitual. Pruebe con unas gotas al principio y aumente la dosis de forma gradual hasta lograr el efecto deseado.

La lavanda es un aceite esencial muy barato, debido a su popularidad y producción en masa. Tenga cuidado con el uso excesivo. Si usted necesita una ayuda constante para conciliar el sueño, le recomendamos que alterne diferentes aceites para que su cuerpo no se acostumbre y se vuelva menos receptivo a sus efectos.[24]

Aceite esencial de manzanilla: Tradicionalmente se usa para calmar a los niños, combatir la depresión, reducir el estrés, ayudar a relajarse y conciliar el sueño. Es un sedante suave que calma los nervios al tiempo que reduce la ansiedad. Incluso, se usa para disminuir las pesadillas cuando luchamos contra el insomnio. Se piensa que los efectos sedantes se deben a un compuesto específico que se encuentra en la apigenina del aceite, que se une a los receptores en el cerebro. El té de manzanilla es uno de los más conocidos para inducir el sueño.[25]

Aceite esencial de valeriana: También se conoce como un sedante suave. Además de inducir el sueño, calma los nervios y reduce el estrés. Un metaanálisis de varios estudios publicados en el *American Journal of Medicine* confirmó que la valeriana sí mejora la calidad del sueño sin los efectos secundarios asociados a los fármacos actuales.[26] Otro, publicado en el *Journal of Sleep Medicine*, confirmó nuevamente la capacidad subjetiva de la valeriana para ayudar a dormir, pero también observó que era necesario un análisis cualitativo adicional para obtener datos convincentes y conclusiones definitivas para su comercialización.[27]

Mezclas de aceites esenciales: Las propiedades de inducción del sueño de los aceites pueden mejorarse combinándolas, ya sea con el uso de mezclas patentadas o uniendo unas cuantas. Un estudio triple ciego publicado en el *Journal of Women and Health,* encontró que la lavanda con naranja amarga mejoró de modo relevante la duración y la calidad del sueño, mientras que el empleo de lavanda combinada con naranja dulce en pacientes de hemodiálisis favoreció la calidad general del sueño y redujo significativamente la fatiga.[28, 29]

Despertarse con las plantas

Además de usarlos para conciliar el sueño rápidamente, para calmar los nervios y restaurar el cuerpo, también puede emplear los aceites esenciales para despertar mejor y sentirse más alerta. En lugar de consumir cafeína, puede agregar un aceite esencial a su rutina matutina para lograr una mayor claridad mental y ayudarle a levantarse de la cama con entusiasmo.

El uso habitual de olores específicos puede crear asociaciones positivas o desencadenantes en el cerebro, lo que lo ayuda a conectar su estado de ánimo preferido y las acciones específicas que puede realizar en la mañana. Las fragancias agradables elevarán su estado de ánimo y crearán asociaciones positivas, lo cual le ayudará a alegrarse con el nuevo día en lugar de esconderse de él. Si bien algunos estudios científicos han demostrado beneficios físicos, solo la estimulación psicológica puede aumentar el estado de alerta y la atención al tiempo que refuerza las conductas y actitudes positivas de la mañana.[30]

Métodos de aplicación y aceites para la vigilia

Difusión: Un método simple y confiable para obtener los olores agradables y los efectos beneficiosos en su habitación y su cuerpo es usar un difusor. Allí, medio dormido, puede acercarse y encenderlo o incluso usar un temporizador para que, en cuanto se levante sienta la fragancia. También puede usar un método menos sofisticado. Simplemente impregne un pañuelo y ya. Le aseguramos que funciona a las mil maravillas.

Pulverizador: Combinar gotas de un solo aceite o de su propia mezcla de aceite con agua en un atomizador crea un útil tónico para rociarse por la mañana o en cualquier momento que sienta una disminución en su energía. Unas cuantas ráfagas de aceites atomizados en agua crean una niebla aromática que se adhiere a su piel, su ropa o al entorno local. Los compuestos vegetales no solo afectan lo físico y lo emocional, sino también son un método para superar el ego y decidir cómo quiere sentirse. La fatiga es más un problema mental que físico; por ejemplo, cuando los atletas se cansan, es la mente y no el cuerpo, quien establece los límites.

Ducharse: Puede obtener los beneficios olfativos y curativos de los aceites por medio de unas gotas (de un solo aceite o una mezcla) en la ducha. Pudiera rociarse con un atomizador o impregnar un paño y dejar que el agua tibia disperse los compuestos volátiles y lo revigorice con su energía. Además, puede usar baños corporales que contengan aceites refrescantes como la menta y los cítricos para estimular el cuerpo a la vez que se asea.

Aceites esenciales de cítricos: Los aceites de toronja, naranja dulce y mandarina apaciguan las emociones, además de brindar una agradable y estimulante fragancia. Se mezclan bien entre sí y con otros aceites, y por lo general resultan cálidos y energizantes. Elevan suavemente su estado de ánimo y su energía.[31]

Aceite esencial de eucalipto: Este aceite de fragancia poderosa tiene propiedades naturales. Es antibacteriano y estimula el sistema inmunológico a la vez que actúa como un despabilador mental. Aviva los receptores de frío en la nariz, lo que aumenta el flujo de aire y aporta datos adicionales al cerebro.[32, 33]

Aceite esencial de menta: Se ha demostrado claramente que este fuerte olor reduce la somnolencia diurna, aunque se desconoce el mecanismo exacto de acción.[34] También se ha probado que la fragancia de menta desencadena la alerta e incluso puede despertar a los individuos del sueño. ¡Estos hallazgos sugieren que una crema dental con sabor a menta podría no ser adecuada para la higiene dental nocturna! Untarle esta fragancia a su ducha también podría ayudar a aumentar la energía, e incluso, al crecimiento del cabello, ya que se ha demostrado que previene y revierte la calvicie de patrón masculino e induce el crecimiento del cabello.[35]

Aceite esencial de romero: Los estudios han demostrado que la inhalación de tal aceite aumenta los estados de alerta.[36] También actúa como un agente neuroprotector y se estudia su capacidad para reducir los síntomas del Alzheimer, inhibir la muerte de las células neurales y reducir la inflamación en el cerebro.[37] Cualquier sustancia que estimule este órgano en la mañana lo ayudará a sentirse más despierto y listo para enfrentar el día. El romero eleva la presión arterial, la frecuencia cardíaca y la respiración, porque transporta el oxígeno y la nutrición necesarios a su cerebro y a sus músculos. Este proceso lo energiza y lo levanta para hacerle frente a la mañana.[38]

Incógnitas y medidas preventivas de los aceites esenciales

Los aceites esenciales, como todas las sustancias terapéuticas, se deben usar con prudencia. Es posible ser alérgico a algunos de ellos porque pueden interactuar con medicamentos farmacéuticos y aumentar o reducir su efecto. Escoger marcas de alta calidad reducirá la probabilidad de absorber contaminantes de los procesos de destilación química de bajo grado y aumentará sus efectos beneficiosos. Las mujeres embarazadas y en período de lactancia, los niños y los ancianos, deben buscar siempre el consejo de personas calificadas, expertas en el uso de aceites esenciales con fines terapéuticos.

En comparación con las terapias modernas basadas en fármacos, los aceites esenciales son mucho más seguros y prácticamente carecen de efectos secundarios; solo se requiere un uso mínimo y ocasional para beneficiarse de sus compuestos activos. Aún se precisa de más estudios para comprender sus métodos de acción, confirmar la seguridad a largo plazo y entender las posibles interacciones con medicamentos y otros aceites. Sin embargo, miles de años de tratamiento exitoso con medicamentos a base de plantas (en específico, aceites esenciales concentrados) atestiguan su potencial para trabajar armónicamente con los humanos. Está comprobado que son útiles para tratar diversas enfermedades y que nos ayudan a controlar nuestros ciclos de sueño y de vigilia.

Capítulo 3

Las hormonas del estrés y las hormonas sexuales

■

«La mejor arma contra el estrés es nuestra capacidad de elegir un pensamiento sobre otro».

—WILLIAM JAMES

LAS HORMONAS SON mensajeros químicos del cuerpo humano que controlan una amplia gama de funciones. Diferentes glándulas las producen y las liberan en el torrente sanguíneo para que viajen por el cuerpo y realicen sus funciones. Las hormonas se encargan, entre otros aspectos, de la temperatura corporal, los niveles de azúcar en la sangre, el crecimiento de tejidos y músculos, la reproducción sexual y nuestro estado anímico.

Las hormonas del estrés, como el cortisol y la epinefrina, son mensajeros químicos que el cuerpo libera en circunstancias estresantes o que se consideran una amenaza para la seguridad personal, según lo regule el cerebro de Lagarto; tales hormonas se relacionan con el instinto de lucha o huida cuando percibimos algún peligro. Nuestro organismo reacciona, al instante, con una respuesta bioquímica, y por eso aumenta el flujo de sangre a los músculos para que podamos responder rápidamente a una situación. Por desgracia, vivimos tiempos de constante movimiento, lo que puede ocasionar una liberación abundante de las hormonas del estrés, lo cual conlleva a alteraciones del metabolismo, aumento de peso, mayores inflamaciones y reducción de la calidad del sueño. La perenne amenaza de peligro, sea real o no, es causa de cambios hormonales y desequilibrios en la salud.

En los mamíferos, dichas hormonas y mecanismos fisiológicos nos protegen de situaciones amenazantes para la vida y mejoran las probabilidades de supervivencia. Por desgracia, las hormonas del estrés, en coordinación con nuestro cerebro de Lagarto, son muy activas cuando el radio de acción está fuera de nuestro alcance.

La historia de los dos caminos del miedo

Cuando el cerebro recibe estímulos emocionales (como el miedo) ante un peligro inminente, los envía a nuestro tálamo; quien los comunica a otras áreas del cerebro a través de dos caminos diferentes. El «camino corto» es rápido y consiste en la comunicación directa entre el tálamo y la amígdala. Dicho camino es fundamental para evaluar la situación de inmediato. Hace un cálculo aproximado de lo que sucederá y no piensa en la circunstancia. El «camino largo» es más lento porque la respuesta integra la información del tálamo y la amígdala con el centro de procesamiento cognitivo en la corteza sensorial (la casa del Mago). Los pacientes con trastorno de estrés postraumático (TEPT) «transitan menos» este camino.

Pero ¿cómo funciona en la vida real? Imagine que está en un vuelo de Nueva York a Londres. Está viendo ya la segunda película cuando escucha un estruendo proveniente de un lado del avión. Al momento usted se desentiende de la película y su tálamo se despierta. El corazón le late con fuerza, y entonces, jadeante, gira su cabeza para fijar sus pupilas, dilatadas, y sus oídos, atentos, hacia el ruido. La amígdala es la responsable de tales respuestas fisiológicas. De pronto experimenta una inesperada sensación de caída. Ahora, lo más seguro es que su tálamo esté en máxima alerta. Usted mira por la ventanilla y ve una nube oscura de humo saliendo de la turbina derecha. Probablemente percibirá este evento como una catástrofe con escasas opciones de poder hacer algo al respecto, a no ser que sea un piloto experimentado. Su camino corto está a toda máquina.[1] La sensación de caída viene acompañada de episodios de ansiedad y miedo. Su Lagarto se siente bastante incómodo a estas alturas. Por supuesto, está aterrorizado y no tiene la más mínima idea de lo que pasará. Su nerviosismo se agrava al observar la extrema angustia de los demás pasajeros. Minutos antes, la pareja a su lado, que vuela por primera vez, le había comentado sobre su temor a los aviones. Ahora está en una total consternación.

Su Lagarto no lo sabe, pero el equipo de profesionales expertos en la cabina del piloto tiene la situación bajo control y de inmediato comprende que no habrá ninguna catástrofe. Sí, quizás el piloto y el copiloto puedan estar preocupados, pero conducen por el camino largo con sus Magos al mando. ¿Por qué el cerebro del piloto no funciona como el suyo? En la escuela de aeronáutica los pilotos se entrenan para tales escenarios y conocen el sistema de extinción de incendios de la aeronave. Desde la cabina, el copiloto activa de inmediato un extintor muy efectivo para apagar el fuego.

Además, el piloto sabe que, si no pudiera extinguir las llamas directamente, la carcasa del motor es a prueba de fuego para evitar que el incendio afecte el resto de sus partes.

En momentos así, usted desea que su cuerpo y su cerebro trabajen con el máximo rendimiento. Con frecuencia dejamos que nuestro cerebro de Lagarto maneje las situaciones de estrés agudo o crónico. Para aprovechar por completo lo que nos ofrece nuestro cerebro, es de suma importancia echar mano a lo que también nos brinda el cerebro cognitivo y humano. El Mago, digamos, puede ayudarle a prepararse y preparar a los demás pasajeros con los pasos necesarios para sobrevivir ante un accidente aéreo de gran magnitud. Aunque el camino corto es muy importante para una evaluación inmediata de la situación, el camino largo, con su procesamiento cognitivo, ampliará aún más las posibilidades de sobrevivir en situaciones peligrosas de la vida real. (Ver figura, página siguiente).

Cortisol

Las glándulas suprarrenales ubicadas en la parte superior de los riñones, producen el cortisol. Esta hormona es el malvado y el héroe desconocido de nuestros procesos corporales diarios. El cortisol se libera durante el mecanismo de lucha o huida. Repetimos que eso ocurre ante amenazas reales: esquivar un auto que viene a toda velocidad o enfrentar una circunstancia muy tensa, como mirar las noticias de la noche. Al liberarse, proporciona un impulso energético al cuerpo; pero si el organismo no usa este aumento de energía a través de la acción física, el cortisol se acumula dentro del torrente sanguíneo, lo que puede provocar más estrés, inflamación, presión arterial alta, envejecimiento acelerado y riesgo de enfermedad cardíaca.

El Lagarto, «sin motivo aparente», desempeña un papel vital. El problema es que muchas personas, generalmente con estilos de vida sedentarios, no realizan los movimientos físicos requeridos para agotar la hormona. Entonces, solo obtienen los aspectos menos deseables de la acumulación de cortisol.

El cortisol también causa convulsiones. Actúa como un mecanismo químico capaz de desencadenar episodios epilépticos, los cuales son más frecuentes en la mañana cuando la producción de cortisol está en su punto máximo.

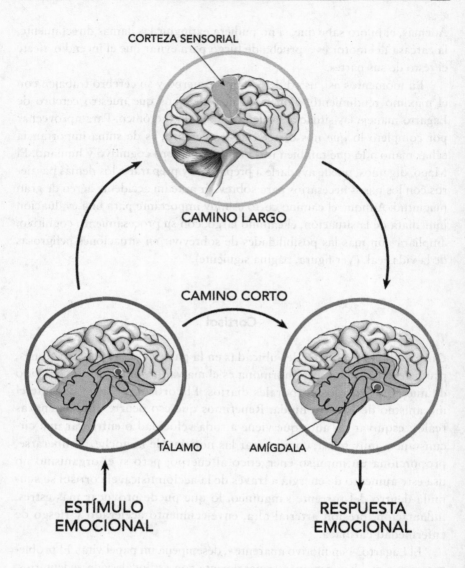

CORTEZA SENSORIAL

CAMINO LARGO

CAMINO CORTO

TÁLAMO   AMÍGDALA

ESTÍMULO
EMOCIONAL

RESPUESTA
EMOCIONAL

Sin embargo, en las dosis adecuadas, el cortisol es muy beneficioso. Es la hormona que siempre ayudó a las personas a sentirse despiertas y conscientes al amanecer. Esto lo hizo a lo largo de toda la historia humana. Bueno, hasta que llegó el café. También es responsable de regular la presión arterial y puede fortalecer el sistema inmunológico. Para mantener el cortisol en sus niveles ideales, debemos aprender a relajarnos para controlar al Lagarto. Lo cual abordaremos más adelante.

Epinefrina (adrenalina)

Otra hormona es la epinefrina, la cual se produce en las glándulas suprarrenales y desempeña un papel vital en la función de nuestro sistema nervioso central (SNC). Al igual que el cortisol, la epinefrina desempeña la importante tarea de preparar al cuerpo para la respuesta de lucha o huida. Se libera rápidamente hacia el torrente sanguíneo en situaciones estresantes cuando percibimos peligro y necesitamos actuar. Esta acción puede manifestarse como una variedad de funciones biológicas en diferentes áreas, dependiendo del lugar donde se distribuye en el cuerpo, lo que causa respuestas fisiológicas como el aumento del ritmo cardíaco, la presión arterial, la expansión de los pulmones y el envío de sangre a los músculos.

Cuando termina la situación de estrés, las glándulas suprarrenales dejan de liberar epinefrina. Igual que el cortisol, la exposición continua a condiciones estresantes conlleva a una sobreproducción de epinefrina, que puede tener consecuencias perjudiciales para la salud: enfermedades cardíacas, aumento de peso, problemas digestivos, dolores de cabeza, insomnio, ansiedad, depresión, tensión nerviosa e incapacidad para concentrarse y memorizar. Si queremos protegernos de los efectos dañinos de un estilo de vida estresante, es imprescindible que busquemos tiempo para relajarnos.

Efectos del estrés crónico en el cerebro humano

El estrés psicológico o emocional crónico, como la soledad prolongada, los problemas conyugales o la muerte de un ser querido, puede llevar a la incapacidad del cuerpo para compensarse. Desafortunadamente, esta pérdida de funcionalidad termina en trauma emocional y trastorno de estrés postraumático (TEPT). El estrés y la depresión son bastante frecuentes en la sociedad moderna y, si no se controlan, conducen a formas más leves de TEPT.[2] Se estima que entre el 80 % y el 90 % de los pacientes visitan a sus médicos debido a problemas de salud imputables a la falta de atención del estrés crónico.

Los altos niveles de cortisol por estrés crónico prolongado destruyen las sinapsis en el hipocampo, lo que altera el rendimiento cognitivo y la capacidad para procesar cualquier nueva información. A la vez, en el torrente sanguíneo, se asocian al estrés. Dichos niveles se han observado en personas que han pasado por situaciones muy tensas en la vida: niños rechazados en

un orfanato en Rumania, víctimas de abuso sexual infantil, estudiantes mal-
tratados en las escuelas y niños preescolares deprimidos. Investigadores de
la Universidad de Yale descubrieron que el estrés crónico prolongado puede
hacer que la masa cerebral en la corteza prefrontal se contraiga.[3, 4]

Cómo evaluar y controlar sus niveles de cortisol

Existen diversas pruebas para determinar sus niveles de cortisol, sean altos
o bajos. Ellas evalúan el funcionamiento de las glándulas suprarrenales y
pituitarias y los niveles de cortisol en el cuerpo. Por lo general, se miden con
un sencillo análisis de sangre. Pídale a un profesional (doctor) de confianza
que se lo realice.

Las pruebas se hacen por la mañana porque es cuando los niveles de
cortisol son más altos. Si usted conoce los suyos entonces puede rápidamente tomar medidas para mejorarlos. En el peor de los casos, la alta presencia
de cortisol podría sugerir un tumor en las glándulas pituitarias.

Cambiar la dieta y el estilo de vida para controlar las hormonas del estrés

La mayoría de nosotros, a decir verdad, acumulamos demasiado estrés y
no dedicamos suficiente tiempo a relajarnos y equilibrar las hormonas en
el cuerpo. Si tiene niveles excesivos de cortisol y epinefrina, aquí le damos
algunos consejos para reducirlos:

- **Ingiera más verduras y frutas frescas.** Se ha demostrado, en
  repetidas ocasiones, que el consumo de verduras y frutas
  previene un amplio espectro de enfermedades y degenera-
  ción por envejecimiento. Esta práctica, favorece el estado de
  alerta, respalda el sistema inmunológico y mejora el estado
  de ánimo.
- **Manténgase físicamente activo.** En principio, cuanto más lo
  esté, menos cortisol necesitará liberar su cuerpo.
- **Busque tiempo todos los días para relajarse.** Programe actividades, de forma regular, para disminuir el estrés. La meditación,

las técnicas de respiración profunda, los momentos de quietud al aire libre, alguna actividad creativa como pintar o escribir, leer un libro o escuchar música relajante, son excelentes formas de calmarse y bajar los niveles de cortisol.

- **Tenga una buena noche de sueño.** Si sus niveles de cortisol son demasiado bajos puede que sufra de un padecimiento que requiere atención inmediata, como la enfermedad de Addison, o un problema de la glándula pituitaria conocida como hipopituitarismo.

- **Elimine de su dieta los azúcares procesados,** los cuales nunca deben consumirse porque son una potente neurotoxina; destruyen las vías neuronales del cerebro, se ha demostrado que causan y favorecen el cáncer y son sustancias muy adictivas. Desafortunadamente, la mayoría de los alimentos procesados contienen este tipo de azúcares, a menudo con nombres diferentes como jarabe de maíz, fructosa y glucosa.

- **Coma cítricos y regaliz.** Un estudio de la Universidad de Bergen, en Noruega, concluyó que el jugo de toronja y de regaliz aumentan la disponibilidad de cortisol en el cuerpo humano.

Existen formas de aumentar los niveles de cortisol. Una de ellas es la terapia de reemplazo hormonal, con medicamentos que su médico le recete. Sin embargo, tiene muchos efectos adversos para la salud. Si ha considerado esta opción, primero debe averiguar sus peligros. Es posible mejorar los niveles de cortisol a través de algunos ajustes dietéticos sencillos y sin el uso de fármacos.

¿Qué pasa con las hormonas sexuales?

Un conjunto de mensajeros químicos que afectan el crecimiento y la función de la reproducción son las hormonas sexuales. Los órganos reproductores se encargan de producirlas, los ovarios en las mujeres y los testículos en los hombres. Estas hormonas se dividen en tres tipos: andrógenos, que incluyen la testosterona y se consideran hormonas sexuales masculinas, estrógenos y progesteronas, que son hormonas sexuales femeninas.

Se activan alrededor de la pubertad. En el caso de los hombres, les crece más vello corporal y facial, el pene se agranda y comienza la producción de semen. En las mujeres, se desarrollan los senos y empieza la producción de óvulos femeninos y los ciclos menstruales.[5]

Las hormonas influyen notablemente en el comportamiento de hombres y mujeres; son las que definen el sexo de un embrión. Tanto el hombre como la mujer producen testosterona, estrógeno y progesterona. En general, los varones segregan más cantidades de testosterona que las mujeres, y menos cantidades de estrógeno y progesterona, mientras que las féminas, al contrario, suelen producir más estrógeno y progesterona y mucho menos testosterona.[6, 7, 8, 9]

Un equilibrio hormonal correcto es básico para una buena salud.

¿Qué áreas de su programa diario puede cambiar ahora mismo para el mejoramiento de su gasto energético? El cortisol y la epinefrina, hormonas del estrés, se liberan como parte del mecanismo de lucha o huida cuando el cuerpo percibe que está en peligro. Como llevamos vidas cargadas de estrés crónico, muchas veces liberamos, innecesariamente, nuestras hormonas de lucha o huida.[10, 11, 12]

LOS CONSEJOS DEL MAGO

- Las hormonas son mensajeros químicos que cumplen muchas funciones en el cuerpo humano.
- La acumulación de hormonas del estrés en el torrente sanguíneo provoca efectos perjudiciales para la salud, como el aumento de peso, las enfermedades cardíacas y los problemas para dormir.
- Puede hacerse una prueba de cortisol para descubrir cuánto tiene en su cuerpo. Según los resultados, puede mejorar sus niveles de acuerdo con sus necesidades.
- El mejoramiento de los niveles de hormonas del estrés puede lograrse con una dieta rica en verduras y frutas frescas, la actividad física, el tiempo para la relajación y un descanso adecuado.

Capítulo 4
Su cuerpo es más alto en la mañana

«Una buena cabeza y un buen corazón son siempre una combinación formidable».

—NELSON MANDELA

POR LA MAÑANA somos más altos que cuando nos fuimos a dormir. La fuerza de la gravedad ejerce mucha presión sobre el cuerpo humano durante el día, en especial en la columna vertebral. Cuando usted duerme, su cuerpo descansa en posición horizontal y ella se relaja y rellena los líquidos que lubrican el espacio entre las vértebras. El fluido adicional le da a su columna más movimiento y flexibilidad, lo que a su vez permite que el cuerpo se estire y gane algunos centímetros más.1, 2 En la medida que avanza el día, la columna sufre una mayor compresión porque los líquidos disminuyen.

La repercusión de los cambios en la altura y cómo mantenerse esbelto

Pero ¿cómo nos afecta esto en la práctica? Además de, inteligentemente, solo jugar baloncesto temprano por la mañana, las repercusiones pueden ser de gran alcance. Mantener la altura máxima afectará también su postura. Cuando somos altos y asumimos una buena postura, también usamos la energía de modo más eficiente. Lo cual es de gran ayuda para conservarnos en plena forma durante la mañana y en todo cuanto hagamos.

Algunos efectos de una mala postura:

- Reducción del flujo sanguíneo a los tejidos en nuestro cuerpo.[3]
- Reducción del flujo de oxígeno a nuestros músculos.

- Reducción de la capacidad de concentrase debido a la agitación y a las señales provenientes de nuestro cuerpo.
- Reducción del rendimiento mental.[4]
- Dolores musculares y opresión.[5]
- Rigidez articular.[6, 7]
- Baja autoestima (relacionada con malas posturas).[8]
- Una persona puede perder varios centímetros durante su vida debido a una mala postura y a una columna vertebral inflexible. La mala postura puede tener un gran efecto en nuestra capacidad para funcionar en la vida cotidiana. Ya que pasamos casi un tercio de nuestro tiempo en la «postura» de dormir, es importante encontrar una posición que sea cómoda para la columna vertebral y así evitar los efectos dañinos de una mala postura nocturna.[9]

En el momento de dormir, pruebe cuáles posiciones son las que más benefician su cuerpo. Algunas personas duermen mejor sin almohada, mientras que otras necesitan una almohada delgada. Cada cuerpo es diferente, así que no hay una receta exacta. Durante años, los científicos han estudiado cómo las diferentes almohadas, suaves y duras, afectan la fatiga muscular y los dolores del cuello y de los hombros.[10, 11] Muchos estudios han demostrado que la forma en que se activan los músculos del cuello está directamente relacionada con nuestra postura al dormir. La conclusión es que, si le duelen los hombros y el cuello por la mañana, debe averiguar cómo modificar su colchón y su almohada según su constitución física.[12, 13]

Tendemos a adoptar posiciones que son cómodas para nosotros; lleva un poco de tiempo descubrir cómo el cuerpo prefiere dormir. Le brindamos algunos ejemplos para hacerlo de forma que adquiera una mejor postura:

- Use un colchón cómodo. Parece obvio, pero se sorprenderá de la cantidad de personas que duermen en colchones inapropiados para su cuerpo. Si su cama actual no lo favorece, invierta tiempo y dinero en encontrar una que lo haga. Una buena noche de sueño es fundamental para dar inicio a sus mañanas correctamente y el gasto sí vale la pena.
- Cuando duerma sobre su espalda, su cuello y cabeza deben alinearse con su cuerpo. Si su almohada es demasiado ancha, empuja su cabeza hacia adelante y dobla su columna de forma poco natural, lo que provoca un desequilibrio físico.[14]

- A algunos individuos les resulta más cómodo dormir sin almohada. A otros, hacerlo con una que sea fina les es más beneficioso para su postura.
- Puede intentar dormir con una almohada debajo de sus rodillas. Es cómodo, e incluso puede resultar bastante placentero. Cuando duerma de lado, doble las rodillas hacia el pecho. Ponga una almohada entre las rodillas para mantenerlas cómodas. Por supuesto, si duerme acompañado, ¡sea considerado con la otra persona!

Cómo mantener la altura y la buena postura con actividad física

Manténgase activo. El movimiento es esencial para producir el fluido que su columna necesita

para estar «bien aceitada». Cuanto menos nos movemos, menos se produce este fluido. Quizás haya notado que las personas se encogen al envejecer. Lo que con seguridad no sabe es que sus cerebros también se encogen junto con el cuerpo. Se piensa que esto se relaciona con la disminución de la actividad física. La buena noticia es que dicha actividad evita que el cuerpo y el cerebro se contraigan.[15, 16, 17]

Practique una buena postura. Esta es la mejor forma de ajustarla, maximizar su altura y aumentar su energía física. Lo mejor es que ¡no hay que pagar nada! A continuación le damos los conceptos básicos que lo ayudarán a desarrollar un sentido más amplio de su presencia física:

- Párese con su espalda recta y los pies bien apoyados en el suelo.
- Respire suavemente.
- Relaje la parte posterior de su cuello y su columna vertebral.
- Imagine que su columna se estira en ambas direcciones: de la parte superior hacia arriba y de la inferior hacia abajo.
- Mientras lo hace, extienda la parte frontal de su cuerpo para crear un equilibrio entre la parte delantera y la espalda.
- Levante el esternón de modo que su pecho esté bien alto y cómodo al mismo tiempo.
- Extienda el hombro y la cintura pélvica para que sus hombros y caderas se expandan hacia afuera hasta donde sea posible.

- Practique pararse de esta manera cuando se levanta por la mañana.

Practique yoga, pilates, taichí, chi kung o cualquier actividad física que estire la columna vertebral de manera segura y lo ponga en sintonía con su cuerpo.[18] En muchas prácticas de meditación se trata de visualizar una cuerda que sale desde la punta del cráneo y se extiende por toda la columna vertebral. La cuerda se estira verticalmente hacia arriba. Esto elimina la presión de su cabeza y hace que la conciencia se expanda a su organismo de forma natural. Es una lástima que tantos asientos, en los parques, en los aviones, en los autobuses tengan un diseño que suscitan malas posturas.[19, 20]

Practique sentarse bien siempre que lo haga, ya sea en el trabajo, en el automóvil o en la mesa. Este hábito alargará su columna y su energía.

¿Cómo practicar una buena postura y a qué debemos prestar atención?

- Sus nalgas deben tocar el respaldo de la silla.
- Asegúrese de que sus pies toquen el suelo. Si no lo hacen, use un taburete.
- Asegúrese de que su espalda esté recta, y sus hombros relajados cómodamente hacia atrás.
- Doble las rodillas en ángulo recto.
- Cuando esté sentado para usar una computadora, asegúrese de que la pantalla esté al nivel de la cabeza, de modo que sus ojos miren hacia el frente.
- Si pasa muchas horas trabajando en un escritorio, considere uno de altura ajustable para estar de pie o una pelota de estabilidad.

Resumen

Una postura adecuada transmite un mensaje enérgico a nosotros mismos y a los demás, comunicamos autorrespeto y proyectamos nuestra confianza hacia adentro y hacia afuera.[21] Una mejor postura no solo maximiza su estatura, sino que también reduce la tensión en su cuerpo, desarrolla la fuerza corporal, mejora su respiración, su memoria, su estado de ánimo y su productividad.[22] Esfuércese por mejorar su postura. ¿Qué le parece si pone una nota en las sillas que acostumbra a usar? Pudiera decir: «Recuerda sentarte bien».

LOS CONSEJOS DEL MAGO

- La gravedad ejerce una enorme presión sobre la columna vertebral. Sumado a esto, el tiempo y las malas posturas provocan que nos encojamos.
- Cuando dormimos por la noche, la columna vertebral «se lubrica» y entonces se estira, así que al despertarnos somos más altos que al acostarnos.
- La altura y la postura están interrelacionadas. Una mala postura puede causar muchos problemas de salud, como la reducción de oxígeno, del flujo sanguíneo y de la concentración.
- La forma en que dormimos por la noche es fundamental, porque pasamos gran parte de nuestras vidas en esta posición y en verdad afecta nuestros cuerpos y mentes.
- Hay varios métodos sencillos para mejorar nuestra postura cuando estamos de pie o sentados.

Capítulo 5
Su cerebro es más grande en la mañana

■

«La función principal del cuerpo es transportar el cerebro».

—THOMAS A. EDISON

NO SOLO SOMOS más altos. En nuestros cuerpos ocurre algo aún más extraño mientras dormimos. La verdad es que no nos enteramos de las muchas maravillas que suceden durante estas horas. Los investigadores de la Universidad McGill analizaron más de diez mil imágenes de resonancia magnética (IRM) de cerebros humanos y descubrieron que son más grandes durante la mañana. Al igual que la columna vertebral, disminuyen gradualmente de tamaño mientras avanza el día. Todavía se desconoce la verdadera causa de este fenómeno. El director del estudio, Kunio Nakamura, sugiere que es el resultado de los fluidos dentro del cerebro. «Es posible que, al acostarnos durante la noche, exista una redistribución de los fluidos corporales acumulados en las extremidades inferiores durante el día».[1]

Aunque el tamaño del cerebro no es un indicador de inteligencia, las fluctuaciones de cada individuo en el tamaño del mismo a lo largo del día pueden tener un efecto significativo en el rendimiento mental y en otras áreas de la salud. El cerebro, el tejido nervioso y la médula espinal están formados por un 73,3 % de agua en comparación con la piel (64,68 %) y los huesos (31,81 %). Cuando dormimos, los fluidos corporales, que en su mayoría son «agua», se redistribuyen por todo el cuerpo hacia las zonas a las que necesitan ir. Para la mayoría, el tiempo que pasamos dormidos es el período más largo sin beber líquido. Por eso, apenas nos despertamos y más tarde cuando nuestro cerebro está más encogido, es cuando más necesitamos hidratarnos.

La importancia de un cerebro bien hidratado

El cerebro necesita agua para su funcionamiento óptimo, pero no dispone de un método para hacerlo, por lo cual debemos, de continuo, hidratarlo durante el día. Cuando lo está adecuadamente, entonces realiza con eficiencia sus funciones: recibir energía y nutrientes, apoyar la conducción de señales nerviosas y eliminar toxinas.

De muchas formas, la deshidratación puede afectar la salud. Por ejemplo: problemas para dormir, pérdida de memoria a corto plazo, dificultad para mantener la concentración y

procesar problemas lógicos, pérdida de energía y, en casos más severos, puede ser un factor en la aparición de enfermedades como el Alzheimer, el Parkinson y la enfermedad de Lou Gehrig.

Un estudio llevado a cabo por el Instituto de Psiquiatría en el King's College de Londres, descubrió que la deshidratación causa contracción cerebral, por ende, se requiere más energía para que las neuronas logren mantener este órgano con la lubricación y la cantidad de agua necesarias. La hidratación y las funciones de nuestro cerebro van de la mano. Si es más grande, y está hidratado existirá un mayor flujo de sangre, más oxígeno y disponibilidad de nutrientes, lo que permite un aumento de los niveles de concentración, un mejor estado de ánimo y un mejor reposo.

Durante el sueño nocturno, perdemos líquido debido a diversos procesos corporales y a la respiración, que libera humedad en el aire: eso es inevitable. Sin embargo, podemos asegurarnos de consumir agua durante todo el día para mantener nuestro cerebro en funcionamiento y sin problemas.

Al levantarnos por la mañana es de suma importancia para el cuerpo y la mente consumir de inmediato un mínimo de 16 onzas (150 ml) de agua. Con anterioridad informamos en la prestigiosa revista *Nutrition Reviews* que, a lo largo del día, los hombres deben beber alrededor de 100 onzas de agua (13 tazas), y las mujeres un aproximado de 74 onzas (9 tazas) de agua.[2] Los varones la necesitan más porque por lo general, son físicamente más grandes, y al ser más musculosos, almacenan más líquido. Los requerimientos diarios de líquido aumentan hasta los dieciocho años; pero en la adultez, las cantidades imprescindibles se nivelan y se mantienen constantes durante el resto de nuestra vida.

Tenga en cuenta que todas las bebidas (por ejemplo, café y jugo) hidratan el cerebro y el cuerpo. La desventaja del café, los refrescos carbonatados y las bebidas de entrenamiento es su alto contenido de azúcar. Sin embargo, beber abundante agua, de ser posible con la misma temperatura de nuestro cuerpo, es un modo muy eficiente de despertar y dar al cerebro la hidratación que necesita.

Un estudio reciente de la Universidad de Illinois en dieciocho mil participantes encontró que aumentar el consumo de líquido en solo un 1 % disminuyó de manera significativa la ingestión calórica diaria y específicamente el consumo de azúcar, sodio y grasas saturadas. Cuando los participantes estaban mejor hidratados, deseaban menos los alimentos poco saludables.[3] La hidratación permite que el cuerpo utilice los nutrientes y la energía de forma eficiente y esto reduce la necesidad de ingerir más alimentos. Muchas personas confunden la sed con el hambre y de inmediato buscan alimentos cuando en realidad lo que su cuerpo prefiere son líquidos.

¿La calidad del agua influye en su cerebro?

Debe filtrar el agua del grifo, a menos que, disponga de una fuente conectada a un manantial puro de montaña. A menudo, el agua del acueducto está llena de contaminantes dañinos. Algunos son:

- El aluminio, que aumenta el riesgo de Alzheimer.
- El arsénico, escondido en las tuberías, es un veneno que eleva el estrés oxidativo en el cerebro y reduce la capacidad de aprendizaje y la memoria.
- Los contaminantes farmacéuticos, tabletas, medicamentos que descargan en el inodoro, metabolitos en la orina o píldoras sin digerir, filtran una gran variedad de antibióticos, hormonas y antidepresivos en el agua potable a través de los sistemas de reciclaje, los cuales no están diseñados para eliminar dichos productos químicos biológicamente activos.

Existe toda una gama de filtros a diferentes precios. Los de carbón, que son sencillos y económicos, (unos cinco dólares) eliminan el exceso de cloro, de benceno y de otros productos químicos nocivos, aunque no así el flúor. Usted pudiera optar por ellos, pero los sistemas de filtración más costosos y efectivos (de cien a más de mil dólares) extraen contaminantes de elementos traza e incluso pueden ionizar y alcalinizar el agua.[4, 5]

Cómo aumentar su consumo de agua

Entrenarse en la ingestión de líquidos es una gran ventaja para iniciar la jornada diaria con un flujo óptimo de energía y nutrientes. Estos son algunos consejos para mejorar la hidratación de su cuerpo:

- **Recuerde beber agua.** Cuando se despierte, tenga una nota junto a su cama o una alarma en su teléfono para recordarle que debe hidratarse de inmediato. Esto debe ser lo primero que haga.

- **Beba líquidos durante sus rutinas diarias.** Tómese un vaso mientras lee el periódico o llévese una botella mientras pasea al perro. Encuentre formas de integrar el agua potable a su rutina actual. Unir un nuevo hábito con conductas preexistentes es una buena técnica, porque utiliza vías neuronales ya establecidas en su cerebro, en lugar de comenzar de cero.

- **Rétese a usted mismo.** Vea cuántos vasos de agua puede consumir en un día y registre su progreso en una agenda semanal. Observar cómo progresa en algo es un gran incentivo para hacer más. Percibirlo como un juego divertido es un estímulo para seguir adelante.

- **Use una aplicación que le ayuda a llevar un registro.** Existen algunas aplicaciones gratuitas que pueden ayudarle con la difícil tarea de controlar su ingestión de líquidos durante el día.

- **Añada algún sabor natural.** Beber agua tibia con limón o un poco de jengibre es muy recomendable. El jugo de limón recién exprimido en agua se alcaliniza dentro del cuerpo y ayuda a la digestión. El agua alcalina con un pH ligeramente más alto (7,4 a 7,7) es magnífica para su piel; ayuda a curar las úlceras estomacales y también puede mantener sanos los huesos y los tejidos. Además, un buen traguito cítrico en la mañana es beneficioso para estimular los sentidos.

Cómo evaluar su nivel de hidratación

Aunque no existe un consenso científico sobre la forma ideal de evaluar los niveles de hidratación, hemos identificado algunos métodos simples y útiles que la mayoría de la gente puede usar.

El color y el volumen de la orina, al salir, son una forma sencilla y rápida para determinar si tiene una buena hidratación o si está deshidratado por completo. Para realizar un análisis de orina busque un frasco adecuado para orinar, y después compare el color de su orina con el de la tabla de colores de orina. Así logra que su análisis no sea subjetivo. Es importante tener en cuenta que el color de la orina se puede confundir fácilmente con algunos medicamentos, suplementos y vitaminas. A menos que beba cantidades excesivas de agua, su volumen de orina oscilará entre cuatro y ocho tazas diarias.

En individuos por lo general saludables, los cambios en el peso corporal son beneficiosos para determinar sus niveles de hidratación. Las mediciones de peso corporal desnudo combinadas con la primera micción (color o volumen) cada mañana son suficientes para detectar desviaciones diarias de los niveles normales de hidratación. Es sencillo, económico y distingue con exactitud los niveles bien hidratados y deshidratados.[6, 7]

El cerebro deshidratado y las respuestas al estrés

Recapitulemos el mecanismo que conduce a la liberación de hormonas del estrés y veamos cómo afecta al cerebro. Durante la respuesta de lucha o huida, dicho órgano está en alerta máxima. Un cerebro deshidratado quizás no responda adecuadamente en los momentos que demandan un estado óptimo de alerta para sobrevivir. El hipotálamo envía una señal a las glándulas suprarrenales para liberar epinefrina y un mensaje a la glándula pituitaria para liberar cortisol. Este mismo proceso también nos informa sobre la necesidad de líquidos. El cortisol y la epinefrina estrechan las arterias, lo que acelera el ritmo cardíaco y hace que el cuerpo disponga de más sangre porque aumenta la presión arterial y la perfusión (la energía y los nutrientes de la sangre se envían a los órganos y tejidos). Tales respuestas fisiológicas pueden alterarse cuando el cerebro se encuentra en un estado crónico de deshidratación.[8]

Todo esto está muy bien si un jabalí nos persigue. Sin embargo, como expresamos antes, la exposición prolongada a situaciones tensas (en específico, de estrés prolongado debido a circunstancias externas) tiene consecuencias físicas y emocionales nocivas. Recuerde que nuestros músculos, el cerebro y otros tejidos necesitan agua para funcionar bien.

Un jabalí está biológicamente mejor preparado para ganarle la batalla a un hombre, así que con un cuerpo deshidratado... ¡estamos perdidos![9]

Resumen

Demasiado estrés es malo para su cerebro. Por suerte, podemos tomar muchas medidas para contrarrestar sus efectos negativos. Cambiar el ambiente,

participar en actividades sociales y aprender cosas nuevas crea vías neuronales frescas en el hipocampo. Ampliaremos estas ideas y propondremos
soluciones con algunas técnicas sencillas y prácticas.

LOS CONSEJOS DEL MAGO

- Nuestros cerebros tienen una masa más pequeña en las
  mañanas debido a la distribución de fluidos en el organismo y al período prolongado sin hidratación mientras
  dormimos.
- El cerebro necesita una gran cantidad de agua para funcionar
  de manera óptima. La requiere durante todo el día ya que no
  puede almacenarla.
- La deshidratación tiene efectos negativos para la salud,
  como trastornos del sueño, pérdida de memoria a corto plazo y dificultad para concentrarse. En casos extremos, puede constituir un factor en enfermedades como: Alzheimer,
  Parkinson y Lou Gehrig.
- Mientras más hidratado esté el cerebro mayor será su disponibilidad de nutrientes, sangre y flujo de oxígeno. Esto mejora el
  rendimiento mental.
- Se debe consumir un mínimo de 16 onzas (150 ml) de agua
  tibia a primera hora de la mañana. Los hombres deben
  consumir diariamente 100 onzas (3.000 ml) y las mujeres 74 onzas (2.200 ml) de agua a temperatura ambiente.
  Ingiera agua y otras bebidas sin cubitos de hielo, al estilo
  europeo.
- Es muy beneficioso revisar la calidad del agua y tomar medidas
  de protección para asegurarse de que usted y su familia consu-
  man agua potable de calidad.
- Hay varios métodos que puede utilizar para aumentar su consumo de agua, como recordatorios, el desafío mediante juegos
  divertidos y el uso de una aplicación que le ayude a llevar un
  registro del agua que ingiere.
- Los niveles altos de hormonas del estrés pueden afectar el cerebro y destruir las vías neuronales. El estrés crónico prolongado conlleva incluso a la reducción de la masa cerebral.

- Hay múltiples estrategias para combatir el efecto del estrés en el cerebro. Cambiar el ambiente, hacer vida social y aprender cosas nuevas propicia el crecimiento de nuevas vías neuronales.

Capítulo 6
Su corazón y su salud

■

«Un cuerpo sin enfermedades, una respiración sin estremecimientos, una mente sin estrés, un intelecto sin inhibiciones, una memoria sin prejuicios, un ego que incluye todo y un alma sin dolor, es el derecho inalienable de todo ser humano».

—SRI SRI RAVI SHANKAR

CUANDO USTED DESPIERTA por la mañana, su corazón hace un gran esfuerzo. Después de siete horas de descanso, necesita latir a toda máquina para enviar sangre al cuerpo. De esta forma, usted puede levantarse y moverse. Este incansable órgano es uno de los más importantes del organismo. Tiene más o menos el tamaño de sus dos manos juntas, y un encargo muy serio: debe bombear sangre a todo el cuerpo y latir cien mil veces al día.

El corazón tiene cuatro cámaras: la aurícula derecha, el ventrículo derecho, la aurícula izquierda y el ventrículo izquierdo. Los atrios son las cavidades que reciben sangre, mientras que los ventrículos las que bombean sangre hacia las arterias para llevarla al resto del cuerpo.

Las funciones del corazón cambian durante el día bajo la fuerte influencia de los ritmos circadianos. Los ataques cardiacos, por ejemplo, son un 40 % más probables que ocurran en la mañana que en cualquier otro momento del día. Esto se debe a que la presión arterial es más alta, de acuerdo con los ritmos circadianos, y a que la respuesta del cortisol al despertar está activa, lo que puede causar estrés en el corazón. La presión arterial alta contribuye al riesgo de ataque cardíaco. En ocasiones las arterias que nutren el corazón, se bloquean. Esta obstrucción se llama placa y es el resultado de un exceso de sustancias dañinas en la dieta, como las grasas saturadas y procesadas, los azúcares refinados, el tabaquismo y un estilo de vida sedentario.

Por la mañana, cuando despertamos, el corazón necesita aproximadamente un 50 % más de sangre para poder pasar del reposo a la actividad. Para un órgano débil, con placas acumuladas, el aumento de la presión arterial, unido al hecho de que los vasos sanguíneos son menos flexibles a esa hora, hace que se produzcan las mayores posibilidades de ataque cardiaco. En Estados Unidos, el asunto es de gran preocupación. Las muertes súbitas son la primera causa de muerte natural y cobran trescientas mil vidas al año.[1, 2]

Otra variable sobre la que tenemos control es la calma (o falta de ella) de las mañanas. Muchos ataques cardíacos suceden cuando las personas se levantan demasiado pronto al amanecer.[3]

Según la American Heart Association, al amanecer, su frecuencia cardíaca en reposo debe ser de entre sesenta y ochenta latidos por minuto. Si tiene más de cincuenta y cinco años de edad, con antecedentes familiares de enfermedad cardíaca, sería recomendable tomar periódicamente su frecuencia cardíaca antes de levantarse y, por supuesto, informarle sus inquietudes a un profesional médico especializado (cardiólogo).[4, 5] Variados factores pueden influir en la frecuencia cardíaca de la mañana: la postura corporal, la hidratación, la salud física, la edad y los medicamentos. Algunos individuos con una excelente condición física pueden tener una frecuencia cardíaca matutina de solo cuarenta a cincuenta latidos por minuto.[6] Aunque estar en forma disminuye el riesgo de enfermedad cardíaca avanzada, existen personas que pueden sufrir una condición rara conocida como muerte súbita cardiaca o muerte súbita cardiaca inducida por el ejercicio. Más adelante, abordaremos el ejercicio con mayor detalle. Por ahora, la buena noticia es que quienes practican ejercicios con regularidad tienen el doble de probabilidades de sobrevivir a un paro cardíaco que los sedentarios.[7, 8, 9]

Lo importante es conocer su corazón y los factores de riesgo relacionados con la salud. Para determinar su ritmo cardíaco, pase de estar acostado bocarriba a sentarse en la cama. Localice su pulso en la parte inferior de la muñeca y cuente la cantidad de latidos del corazón durante 15 segundos. Multiplique por cuatro el número de latidos. Si lo prefiere, puede usar un cronómetro o el temporizador de su teléfono móvil. Pero ¡cuidado!: deje el correo electrónico o las últimas noticias para otro rato.

Estos son algunos pasos para lograr mañanas más tranquilas:

- **Planifique su día la noche anterior.** ¿Cómo son sus primeras horas de la mañana? ¿Se levanta y anda como un demente? ¿Sale como un bólido hacia el auto, pero no tiene las llaves? Evite situaciones caóticas de este tipo. Planifíquese desde antes y prepare con anticipación todo lo que necesita: la ropa de trabajo, el teléfono cargado, las llaves del auto. Eso le ahorra tiempo y energías para continuar con las actividades esenciales de la mañana y podrá estar preparado para la jornada. Otra forma efectiva es la anotación anticipada de las tareas del día siguiente. Así puede dedicarse a las cuestiones de importancia y reduce el estrés de preocuparse por aquello que puede olvidar.

- **Respire profundamente.** Observe a los bebés durmiendo y notará que respiran con su abdomen. Es lógico, ese es el lugar por donde comenzaron a respirar cuando estaban en el útero. Todos recibimos el oxígeno y los nutrientes a través de nuestros cordones umbilicales. En la medida que envejecemos y nos desconectamos del cuerpo para vivir de nuestro raciocinio, cambiamos los patrones de respiración y comenzamos a hacerlo de manera superficial, con el pecho.

- **La respiración diafragmática** (también conocida como respiración abdominal) abre espacio en el abdomen, lo que permite que se bombee más sangre a todo el cuerpo y se reduzca la tensión física en el corazón. La respiración posee un vínculo estrecho con la mente. Las respiraciones cortas y rápidas equivalen a pensamientos de igual calibre. Las respiraciones largas y lentas se asocian con ideas largas, pensadas con claridad y concentración, porque hay más oxígeno disponible para el cerebro. Esto puede causar una reducción beneficiosa en la frecuencia cardíaca y en la presión arterial, así como en niveles más bajos de cortisol.[10, 11, 12]

- **Dedíquese un tiempo.** Muchas veces, cuando estamos solos, se nos ocurren las ideas y los proyectos más profundos y trascendentes. Necesitamos tiempo para este tipo de reflexión, debemos priorizarlo si queremos obtenerlo. Puede ser en la mañana antes de que su mente se cargue de pensamientos negativos, o quizás durante el receso para almorzar. A la hora que sea, busque ese momento para estar a solas consigo mismo. Es posible que desee meditar, orar, hacer yoga, hacer ejercicio físico, o no hacer nada durante diez minutos. Pasar tiempo solo le brinda un espacio valioso para reflexionar sobre los acontecimientos de la vida, aumentar la productividad y apreciar más el tiempo que pasa con otras personas.

- **Minimice los ruidos y las distracciones.** Considere mantener apagados la televisión, la radio y otros dispositivos a primera hora de la mañana. De esta forma dedicará la mayor cantidad de energía posible para el enfoque mental. Trate de no ver las noticias porque las imágenes estresantes, por lo general, no son apropiadas para un amanecer tranquilo.

- **Despierte con sonidos placenteros.** Las alarmas a todo volumen, que hacen retumbar los sentidos, son una de las formas más agresivas de amanecer. Mejor pruebe una que reciba el nuevo día con suavidad y quietud. Ponga de alarma en su teléfono inteligente una de esas hermosas piezas musicales que, además, son gratuitas. La disminución gradual del volumen le permitirá despertar suavemente de su sueño reparador en lugar de brincar y levantarse lleno de pánico.

El estrés, la comida y su corazón

Muchas personas consumen alimentos nocivos para el corazón. Existen pasos sencillos que mejoran la salud de este órgano. Veamos algunos ajustes sencillos en su dieta:

- **Consuma más alimentos ricos en omega 3.** El cuerpo no produce este vital ácido graso, por lo que tenemos que obtenerlo de fuentes externas. Los alimentos con omega 3 previenen los coágulos de sangre, lo que reduce el riesgo de enfermedades cardiovasculares. Pruebe estos sabrosos alimentos: nueces, semillas de lino, semillas de chía, semillas de cáñamo, nueces de Brasil, almendras, anacardos, pistachos, avellanas y yemas de huevo. Las grasas saludables contrarrestan los efectos de las grasas refinadas menos saludables, como los aceites vegetales, que dañan los vasos sanguíneos.
- **Ingiera más alimentos antioxidantes.** Los radicales libres de oxígeno causan un daño oxidativo que ataca a varios tejidos del cuerpo, a las células e incluso a su ADN. Los signos del envejecimiento son, en su mayoría, consecuencias de este tipo de daño, resultado del metabolismo de alimentos menos saludables, diferentes contaminantes y toxinas ambientales. El daño oxidativo acelera la progresión de la enfermedad cardíaca y está vinculado a una gran variedad de afecciones asociadas a la edad, entre ellas, el cáncer, la diabetes y las enfermedades

cardiovasculares, así como al estilo de vida. Los alimentos con altas concentraciones de antioxidantes son excelentes para eliminar los radicales libres dañinos que causan problemas en el cuerpo. Todas las frutas y verduras contienen antioxidantes, en especial, los productos orgánicos los cuales, por lo general, tienen una gran calidad nutritiva. Digamos que estos son los campeones mundiales: el orégano, el cacao, la cúrcuma, el comino, el perejil seco, la albahaca, el jengibre, el tomillo, el clavo, la canela y las moras o arándanos de color rojo oscuro. Comer una variedad de alimentos coloridos, «comerse un arco iris», proporcionará el espectro más completo de los antioxidantes que su cuerpo precisa, los mismos que con desespero necesita recibir para mantener y mejorar todos los aspectos de su salud.

- **Reduzca el consumo de grasas dañinas.** Reducir el consumo de grasas trans (que por lo general están presentes en los aceites vegetales procesados que usamos para freír) reduce la posibilidad de que se obstruyan las arterias debido a la acumulación de placas. Según un estudio de investigación hecho por el Departamento de Ciencias Biológicas y Biomédicas de la Universidad Aga Khan, Dinamarca disminuyó su tasa de muerte por enfermedad coronaria en casi un 50 % en el transcurso de veinte años al prohibir los alimentos con grasas trans. Sí, esta prohibición restringió las comidas rápidas como las hamburguesas, las pizzas y las papas fritas. Dichos alimentos prácticamente carecen de nutrientes y están llenos de aditivos, conservantes y potenciadores del sabor que no le hacen ningún bien. Están diseñados para ser adictivos y más rentables, y se ha comprobado que dañan su salud física y mental.[13, 14, 15]

LOS CONSEJOS DEL MAGO

- No importa cuán fuerte pueda ser nuestro corazón, las situaciones estresantes debido a la falta de actividad física y a una dieta deficiente pueden dañarlo. Toda la ayuda que le brindemos es una inversión para nosotros y para nuestro futuro. Muchos casos de enfermedad cardíaca pueden prevenirse con un poco de acción bien asesorada.

- Podemos controlar algunas variables. Usted puede tomar las riendas de su salud para tener un corazón sano que dure toda la vida. Dos de las variables más importantes son el ejercicio y la dieta.

- El corazón hace un esfuerzo enorme para bombear la sangre a todo su cuerpo cuando se despierta por primera vez.

- Cuando se levanta por la mañana, la presión arterial y el cortisol están en sus niveles más altos.

- Durante la mañana existen más probabilidades de infarto cardiaco y, a menudo, ocurren cuando las personas se están levantando de la cama o poco después.

- La principal causa de muerte natural en Estados Unidos son los ataques cardíacos, aproximadamente trescientos mil al año. De hecho, la enfermedad cardíaca es la principal causa de muerte en el mundo.

- Se pueden tomar medidas en nuestra dieta y ambiente para fortalecer nuestro corazón y disfrutar de amaneceres más tranquilos y sin estrés. Entonces, ¿qué hará para estar más relajado en las mañanas?

Capítulo 7
El significado de la temperatura corporal

■

«La vida es: un diez por ciento lo que me pasa y un noventa por ciento cómo reacciono».

—CHARLES SWINDOLL

EL CALOR ES un elemento integral de la vida; sin él, moriríamos. Por otro lado, con demasiada temperatura nos freiríamos. Es un equilibrio delicado. La temperatura corporal óptima, llamada normotermia o eutermia, se encuentra en el estrecho rango de los 97,7 °F (36,5 °C) y los 99,5 °F (37,5 °C).

Es increíble como el cuerpo se regula para mantener una temperatura dentro de esos límites. Esta es la temperatura ideal para que ocurran todos los procesos corporales, como la circulación sanguínea y el funcionamiento de las enzimas, las cuales controlan las reacciones que ocurren en las células del cuerpo. Muchas veces cuando los pacientes visitan al médico, les toman la temperatura corporal porque así se obtiene bastante información sobre su estado.

Una temperatura demasiado alta puede provocar fiebre o, en casos extremos, insolación, convulsiones y daño cerebral. Si desciende demasiado, por debajo de los 95 °F (35 °C), puede provocar hipotermia. Todos estos extremos de temperatura y las condiciones resultantes podrían ser fatales. Un cambio de solo 5 °F (2,77 °C) por encima o por debajo de la temperatura corporal promedio se considera peligroso.

La temperatura corporal fluctúa de acuerdo con los ritmos circadianos, y también varía según la estación, el entorno, el individuo y mientras come o bebe.[1] Interna y externamente el hipotálamo percibe estas variaciones al detectar la temperatura de la sangre que fluye por el cerebro y también por las señales sobre la temperatura ambiental que envían los receptores en la piel. El hipotálamo regula la temperatura corporal de acuerdo a la información que recibe y busca de continuo la homeostasis (equilibrio). Este increíble proceso se conoce como termorregulación y consume bastante energía.

Un estimado lo sitúa tan alto como el 70 % de nuestra ingestión calórica diaria.[2, 3, 4]

La temperatura corporal ideal para un sueño reparador

Por lo general, existe una fluctuación de 0,5 °C (menos de 1 °F) en la temperatura corporal de cada individuo durante el día. Los niveles más fríos o bajos de temperatura del cuerpo ocurren en la mañana, unas pocas horas antes de que se despierte, y alcanzan su nivel máximo en la tarde, entre las 4:00 y las 6:00 p. m. La mayoría de los mamíferos, incluidos los humanos, duermen cuando la temperatura de su cuerpo es baja y son más activos cuando ella alcanza su punto máximo. Entonces, la tarde es el mejor momento para hacer ejercicio porque la temperatura está en su pico más alto, mientras que la noche y la madrugada son más adecuadas para dormir.

La temperatura corporal puede afectar la calidad de nuestro sueño. Investigadores del Instituto Holandés de Neurociencia descubrieron que la termorregulación desempeña un papel destacado en la calidad del sueño. Debido a que los ritmos circadianos crean una temperatura corporal más fresca en la mañana, la calidad del sueño puede mejorarse al garantizar que las condiciones externas permitan que la temperatura central del cuerpo descienda unos pocos grados.[5] Ellos sugirieron que los individuos se termorregulan mientras duermen y se quitan el edredón para refrescarse porque se sienten calientes.

Si desea dormir bien por la noche, es recomendable que mantenga una temperatura ambiente entre 65 °F (18 °C) y 72 °F (22 °C). Sin embargo, cada persona es diferente, y se puede experimentar para ver la temperatura que mejor se adapte a su calidad de sueño. Si no tiene un termostato, puede variar el clima para un mejor descanso usando poca o ninguna ropa, ropa de cama liviana o tener una ventana abierta en el dormitorio.

El efecto del estrés en la temperatura corporal

La ansiedad puede causar cambios de temperatura en el cuerpo, aunque por lo general esto no debe preocuparnos. La vasoconstricción (reducción en el tamaño de los vasos sanguíneos) ocurre cuando las personas enfrentan situaciones de estrés y experimentan la respuesta de lucha o huida. Esta constricción, puede disminuir la temperatura corporal. La ansiedad también puede ocasionar hiperventilación (respiración excesiva), que enfría aún más el cuerpo. En general, se dice que las manos y los pies «calientes» indican relajamiento, y «fríos» indican tensión, debido a la constricción del flujo de sangre en el organismo. Durante la respuesta de lucha o huida, cuando el cuerpo está bajo estrés, la sangre se redirige desde las extremidades del cuerpo hacia los órganos vitales para ayudar a «luchar o huir». Es por eso que nuestras manos y pies se ponen más fríos.[6]

A veces, tales fluctuaciones de temperatura corporal pueden ser incómodas y afectar la vida diaria si se sufre un estrés prolongado. Cuando el estrés o la ansiedad afectan la temperatura corporal, puede haber una multitud de mecanismos en funcionamiento, pero el factor más importante para regularla en estas circunstancias es tratar enseguida con la fuente del estrés y la ansiedad, o aprender a lidiar con la causa de los problemas.[7, 8]

Cómo mantener la temperatura corporal

Aquí le mostramos como mantener su temperatura en el nivel óptimo:

- **El ejercicio.** El esfuerzo físico mantiene la temperatura corporal caliente como un subproducto del calor que crean los músculos en movimiento, y también aumenta la tolerancia del cuerpo al calor.[9]
- **La hidratación.** La deshidratación puede elevar la temperatura corporal. En condiciones de alta temperatura, el cuerpo utiliza los líquidos que contiene para refrescarse a través del sudor; si no los hay, el hipotálamo envía señales a los riñones para extraer menos agua de la sangre, y sentimos sed. Si no hay líquido en el cuerpo para enfriarlo, entonces la temperatura corporal seguirá aumentando. Durante el ejercicio o la exposición prolongada a climas cálidos o húmedos, asegúrese de beber mucha agua (el agua es realmente la mejor bebida que puede consumir para mantenerse hidratado).[10, 11]
- **La ingestión de alimentos calientes y picantes en climas cálidos.** Tomar helado en el verano es un pasatiempo novedoso en el que participan innumerables personas, pero es una actividad

artificial que no está en sintonía con la naturaleza. ¿Se imagina a nuestros ancestros lejanos consumiendo helado en un caluroso día veraniego? El efecto inmediato es de enfriamiento, pero pronto desaparece. En países tropicales como India, Oriente Medio, África, el Caribe y América del Sur, las personas consumen alimentos calientes o picantes en los días calurosos. ¿Por qué? Porque ello provoca que el cuerpo sude y se enfríe; así se regula la temperatura interior para que se ajuste mejor a la exterior.[12]

Como hemos visto, la temperatura corporal tiene un efecto notable en muchas áreas de nuestra vida cotidiana.

Resumen

La temperatura ideal del cuerpo es entre 97,7 °F (36,5 °C) y 99,5 °F(37,5 °C); cifras óptimas para que ocurran varios procesos corporales. Si la temperatura corporal es demasiado alta o baja, se originan problemas de salud que pueden ser fatales en casos extremos. La temperatura corporal está regulada por el hipotálamo y los ritmos circadianos, es algo más fresca por la mañana y más caliente por la tarde. Ahora tiene una base para comprender cómo y por qué la temperatura corporal afecta nuestra mañana y nuestro día.

LOS CONSEJOS DEL MAGO

- La temperatura corporal puede afectar la calidad de nuestro sueño. Una temperatura ambiente entre 65 °F (18 °C) y 72 °F (22 °C) se considera ideal para dormir.
- El estrés prolongado incide sobre la temperatura del cuerpo. En general, cuanto más estresada esté una persona, más fría estará, debido a la falta de flujo de sangre al organismo.
- Hay algunas acciones que puede hacer para ayudar al cuerpo a mantener su temperatura óptima: hacer ejercicios, mantenerse hidratado y comer comidas picantes en los días calurosos.

PARTE II

LA MENTE Y EL CUERPO DURANTE LA MAÑANA

Capítulo 8
Crear la autodisciplina

∎

«La única disciplina que perdura es la autodisciplina».

—BUM PHILLIPS

APROVECHAR AL MÁXIMO las mañanas es aprovechar al máximo la vida. El filósofo chino, Lao Tzu, afirmó: «Si corriges tu mente, organizarás tu vida». Lo mismo podemos decir de las mañanas. Al establecer buenos hábitos y patrones durante la mañana usted sienta las bases para buenos hábitos y patrones que repercuten en excelentes prácticas y tendencias en el resto de su día. Esto a su vez creará hábitos y patrones adecuados para toda su vida. En los próximos capítulos, veremos cómo aprovechar al máximo las mañanas con herramientas intelectuales y creativas. En primer lugar, abordaremos la posibilidad de dominar las mañanas mediante la autodisciplina. Tal habilidad puede transformar aspectos desagradables de su vida en experiencias extraordinarias.

La autodisciplina es la capacidad de motivar y coordinar nuestros esfuerzos y actividades para mejorar nuestra calidad de vida. Incluye la planificación estructurada, la organización, el ejercicio de la gratificación tardía y la voluntad de abandonar nuestra comodidad. Estas cosas pueden parecer bastante aterradoras si no está familiarizado con ellas, pero no se preocupe, no está solo. Es una lástima que a la mayoría de las personas no se les enseñe la autodisciplina, porque es una habilidad que se puede aprender. Lo único que requiere es el deseo de mejorar la vida, y luego tomar la decisión de hacerlo. Una vez que da el primer paso, se aventura en un hermoso camino que ofrece muchas recompensas para usted y para quienes le rodean.

La razón de nuestra falta de autodisciplina

En el mundo moderno, casi hemos perdido de vista el valor de la autodisciplina. Los anuncios aprovechan los aspectos más débiles de nuestras mentes, y atraen esa parte de nosotros que quiere una gratificación instantánea. Estamos condicionados para desear cosas que no nos hacen falta. A veces, no necesitamos ni los brillantes zapatos de ciento cincuenta dólares ni el delicioso helado de «medianoche», pero el Lagarto está en su apogeo porque la propaganda está diseñada para atraerlo. Entonces vemos un anuncio de solo treinta segundos y queremos ambas cosas de inmediato. Hay ocasiones en que no nos importa cómo se fabrica el producto en cuestión, o si es tan sabroso como lo anuncian: lo queremos porque es brillante y nuevo, y nos permitirá (momentáneamente) olvidar nuestras dificultades.

El problema con la gratificación instantánea es que, a menudo, crea complicaciones a largo plazo, como la adicción, las quejas por no cuidar de nuestra salud y los problemas financieros. Además, pospone una y otra vez lo que podríamos hacer para adquirir hábitos de empoderamiento. ¿Cuántas veces queremos hacer algo, digamos, escribir un libro, aprender un instrumento musical o un nuevo idioma? Entonces decimos: «Lo haré mañana», porque requiere un esfuerzo constante para beneficiarnos. Con demasiada frecuencia, el mañana nunca llega.

La gratificación instantánea y la falta de asumir responsabilidades van de la mano. Si nos detenemos a mirar el panorama, a nivel social y global, vemos cómo el deseo de recompensa instantánea y la irresponsabilidad conllevan a la destrucción ecológica y al desastre económico. Muchas personas miran al mundo y se sienten impotentes. «¿Qué puedo hacer?». Esta actitud es justo el tipo de creencia limitante que separa a quienes tienen un alto rendimiento y hacen una diferencia positiva en el mundo, de aquellos que viven existencias mediocres. Mire, no tiene que salvar el mundo; pero una vida satisfactoria que haga una diferencia convincente para usted y para los demás requiere un pensamiento a largo plazo y el desarrollo de la autodisciplina.[1]

Al ego le encanta hacerse la víctima, culpa a los demás de los problemas, de las dificultades de la vida y crea sentimientos de impotencia. Lo hace para no asumir responsabilidades y llegar a establecer cambios positivos en el día a día. La vida siempre «es así» para las víctimas. Sin embargo, las personas con autodisciplina se responsabilizan de sí mismas para crear la existencia que desean. Ahí radica su poder. La diferencia entre estos dos tipos de individuos es simplemente un cambio de perspectiva. ¿Quién desea ser: una víctima o alguien influyente que asume la plena responsabilidad de la vida?

Está leyendo este libro para mejorar sus mañanas y su vida, y aquí le ofrecemos las herramientas y la motivación para que pueda tomar el control y para que lo tome. En última instancia, depende de usted asumir la responsabilidad y aplicar lo que le enseñamos.

Para algunas personas, la palabra *disciplina* tiene la connotación de un castigo o de hacer penitencia por haber hecho algo malo. No obstante, la autodisciplina es lo opuesto al castigo. Es ocupar esa posición en que la vida nos brinda más: tiempo, dinero, salud, disfrute mental y corporal. Sí, quizás tenga que renunciar a algunas cosas para desarrollar la autodisciplina, pero alcanzará algo de mucho más valor en el proceso.

Un estudio realizado en la Universidad Nacional Sun Yat-sen de Taiwán, halló que quienes posponen la gratificación instantánea obtienen a largo plazo los beneficios de una mejor salud, riqueza y felicidad.[2] Otra investigación hecha por la Universidad de Pennsylvania encontró que la autodisciplina es más importante que el coeficiente intelectual (CI) como un factor en el rendimiento académico de los estudiantes de octavo grado.[3] Esta mentalidad de éxito puede cultivarse, y la autodisciplina es la puerta que debe abrir para conocer la versión más exitosa de usted.[4]

Cómo lograr mayor autodisciplina

Al igual que los músculos, la autodisciplina debe ejercitarse con regularidad para que crezca. La repetición es la madre del aprendizaje. Cuando nos esforzamos por desarrollarla llegaremos al punto en que será más fácil, más cómoda y luego se automatizará. La autodisciplina es la habilidad que le permite alcanzar cualquier meta que se proponga. A continuación, incluimos ocho técnicas para el logro de sus objetivos mediante el desarrollo de la misma, los desafíos que supone y cómo superarlos.

TÉCNICA # 1
Conozca su resistencia

Desafío de resistencia

Este es el mayor obstáculo para el desarrollo de la autodisciplina. Viene de su propia mente, en forma de resistencia a cualquier tipo de cambio, aunque se trate de hábitos positivos. La resistencia es, en el camino hacia el éxito, el enemigo más formidable y la más sólida barrera que usted enfrentará.

Escoger la autodisciplina significa enfrentar su propia resistencia y salir de la zona de confort. Es doloroso; pero trae crecimiento y expansión.

Nuestros egos detestan eso, piensan que es mucho más seguro permanecer en la «zona de lo conocido», opondrán resistencia y nos desanimarán: «No puedo hacerlo, yo realmente no lo deseo, ¿por qué sacrificar mi tiempo libre?, ¿por qué debo cambiar?».

Todas las teorías psicológicas identifican múltiples seres dentro de la psique de cada persona.[5] Todos hemos experimentado esta voz de resistencia en algún momento, o situación en que queríamos hacer algo que sabíamos era bueno para nosotros, pero enfrentamos un desafío interior. Tal vez no nos dimos cuenta de que esta voz actuaba en contra de nuestros mejores intereses.

¿Le resulta familiar? Quizás, al levantarse, haya tenido en su pensamiento «argumentos» contrarios: una parte de su mente lo alienta a que lo haga y lo insta a adelantarse al día; otra, al contrario, le recuerda su agotamiento, cuán cómoda y abrigada está la cama y le sugiere suprimir sus tareas, actividades o reuniones que planificó para la mañana. ¿Cuál de esas voces escucha? ¿Cuál le gustaría oír?[6]

Vencer la resistencia

Conózcase a sí mismo. Nadie sabe mejor que usted lo que le impide lograr algo. Su resistencia, que es una fuerza subconsciente contra el cambio (bueno o malo), utiliza todo tipo de tácticas para mantenerlo en su zona de confort. A menudo esto se refleja en su mente de modo muy sutil, con un pensamiento como: *Es demasiado difícil, ¿por qué molestarme?* Al predecir la manera en que su ego responde a la adversidad, usted puede adelantarse a su resistencia. Como se prepara para los negocios, cuanto mejor lo esté, más probabilidades tendrá de ganar.

Conocer la oposición interna entre lo que quiere lograr (sus metas) y su resistencia (gratificación inmediata y permanencia en su zona de confort), es un paso enorme hacia el ser superior. Cuando capta la voz de la oposición y la reconoce como una barrera para su éxito, está en el camino para superar esa dificultad.

La próxima vez que se embarque en un nuevo proyecto o acto que cause resistencia, recuerde que hay una parte de usted que no desea cambiar. Escúchela, reconózcala, oiga lo que expresa, pero rechace firmemente sus reclamos, refute sus protestas y excusas, haga valer sus objetivos y los beneficios futuros. Antes de actuar y comenzar a luchar por sus metas, anote las formas posibles de enfrentar los obstáculos de su voz interior de resistencia.[7]

TÉCNICA # 2
Planifique cada resultado

Su ego es increíblemente talentoso e intentará cualquier excusa para evitar que salga de su zona de confort. Digamos que desea empezar a correr por las mañanas, pero cuando se levanta al día siguiente, hace mucho más frío de lo que anticipó. Su resistencia pondrá excusas como: «Hace demasiado frío, ¡no voy!». Es muy inteligente; es posible que encuentre pretextos como: «Tanto frío me puede hacer daño, mejor no voy, ¡por si acaso!». Las excusas se oponen a que usted tome el control de su vida y evitan la autodisciplina, el crecimiento y la expansión. Desarrollar la autodisciplina es reconocer y planificar estos obstáculos personales y decidirse a enfrentarlos del todo.

Vencer la barrera contra la planificación

Cuando usted se trace una meta, como ir a correr al día siguiente, enumere los «incluso si…». Haga una lista de los obstáculos potenciales para lograrla y contrarréstelos con la promesa de que logrará su objetivo, aunque surgieran esos retos.

Por ejemplo:

META	INCLUSO SI...
Correr mañana por la mañana durante treinta minutos.	No duermo bien, está lloviendo, hace frío, no tengo ganas.
Pintar el cuarto de huéspedes el domingo.	Hace un hermoso día, mis amigos me invitan a hacer algo divertido, no tengo ganas.
Estudiar cinco horas esta semana para mi examen final.	Me acuesto tarde, no puedo hacer vida social por un tiempo, no tengo ganas.

Reiteramos, se trata de conocerse a sí mismo como individuo, porque todos enfrentamos el desafío de oír los pretextos de la voz de resistencia. Cuanto más consciente esté de sus innumerables manifestaciones, más fuerte será su posición para lograr sus objetivos y desarrollar la autodisciplina. La próxima vez que se proponga una nueva meta, elabore una tabla como la de arriba para que pueda prever todas las formas en que su resistencia podría tratar de detenerlo.

Diviértase y sorpréndase ante la creatividad e inteligencia de su ego; él está «trabajando» para mantenerlo «seguro» en su zona de confort, pero (el «verdadero» usted) puede burlarse de él y anticiparlo y, lograr sus metas y mucho más en la vida. Su ego se hará más fuerte cada vez que le permita ganar. Cuanto más anule su deseo de estar cómodo, más crecerá usted. Una zona de confort es solo temporal: tan pronto como haya salido de ella, tendrá otra completamente nueva para explorar.[8, 9]

TÉCNICA # 3
Prepárese a entregar algo para ganar

Quizás tenga que imponerse ciertas limitaciones para alcanzar su objetivo. Ellas podrían ser: menos tiempo libre, socialización, dinero, comida chatarra, televisión o comodidad física. El inconveniente es que perderá en algún aspecto de su vida actual, pero a través de este sacrificio autoimpuesto obtendrá algo nuevo, por lo general, mucho mejor, y en concordancia con sus planes de vida.

Por ejemplo, una persona que toca en una banda en vivo tiene que practicar varias noches a la semana. Este músico no puede ver su programa favorito de televisión ni ir al bar, pero ganará mucho más: el disfrute de tocar en el escenario, la apreciación y la energía de la multitud, los elogios, el pago por hacer algo que ama, la realización personal al cosechar las recompensas de trabajar arduamente y el vínculo social que nace de todo tipo de actividad en grupo. Aunque las recompensas son mayores que el sacrificio, la voz de la resistencia quiere mantenerse cómoda y hará lo que pueda para mantener inmóvil al músico.

Vencer la limitación de ganar, al entregar

Esto requiere una panorámica de los pros y los contras generales de su objetivo. ¿Qué beneficios e inconvenientes le causarán? La voz de la resistencia hará todo lo posible para convencerlo de que su objetivo no vale la pena. Le recordará lo que está perdiendo. Al estudiar el panorama de las ventajas y las desventajas, usted sabe con exactitud lo que puede ganar y perder en la búsqueda de su objetivo, y con frecuencia verá que no es tan malo como su resistencia pretende.

OBJETIVOS	PROS	CONTRAS
Meditar treinta minutos cada mañana.	Mejora: la concentración, la calma, la relajación, el equilibrio emocional, la función inmune, la autoestima. Reduce: la ansiedad, la presión arterial, la preocupación.	Tiene que ir a la cama y levantarse media hora antes, tiene que ejercitar el autocontrol.
Ahorrar mil dólares para veranear en agosto.	Salir de vacaciones, ver un país diferente y experimentar una nueva cultura, conocer a nuevas personas, vivir nuevas experiencias, disfrutar el viaje con los amigos, divertirse, relajarse, descubrir.	Durante tres meses tengo que dejar de comprar ropa nueva innecesaria.
Mejorar mi dieta y bajar veinte libras en cuatro meses.	Mejor salud, más energía, mejor sueño, verme bien con mi ropa de verano, lucir más atractivo, sentirme bien conmigo mismo, mejorar mi confianza, disminuir mi presión arterial, reducir el riesgo de enfermedad.	No puedo comer comida chatarra, no puedo comer fuera con mis amigos, no puedo confiar en la comida chatarra para sentirme cómodo al comer, tengo que encontrar otra manera de lidiar con mis emociones.

Cada vez que se proponga un nuevo objetivo, haga una tabla como la de arriba y anote los pros y los contras para lograrlo. Esto le ayudará a mantener la perspectiva. Le recordará las desventajas que experimentará y las recompensas que obtendrá. Tómese un tiempo durante su rutina matinal para revisar sus objetivos, ventajas y desventajas. Eso le dará un nuevo punto de vista y lo mantendrá motivado y disciplinado.

TÉCNICA # 4
Recompensarse: El desafío de la autocompensación

Seamos realistas: imponer la autodisciplina y romper con viejos hábitos puede ser una batalla. Va a tener que renunciar a algunas cosas, restringirse y salir de su zona de confort. Por supuesto, valdrá la pena al final; pero, a veces, la recompensa de lograr el objetivo no es suficiente para soportar las críticas y las quejas de su resistencia interna, especialmente para los objetivos a largo plazo, que exigen tiempo para ver los resultados.

Vencer a través de la automotivación

Las recompensas constituyen una herramienta potente para motivarse a sí mismo en el logro de metas. Considérelas el «premio y castigo», una técnica para superar su resistencia, mantenerla feliz y lograr la autodisciplina.

Tenga lista una recompensa para cuando alcance uno o varios objetivos. Asegúrese de que el premio sea apropiado; por ejemplo: si su objetivo es tener una dieta saludable, no se recompense con comida chatarra. Si su meta es un logro pequeño, como hacer la tarea escolar, tenga para ello una recompensa proporcional, como leer su libro favorito durante una hora.

La recompensa no tiene que ser enorme. Con frecuencia, algo sencillo funciona; solo debe ser algo que esperamos. Cuando usted divide por pasos las grandes aspiraciones, las recompensas resultan extraordinariamente fuertes. Así puede recompensarse por completar cada paso o algunos de ellos y eso lo mantendrá motivado hasta la obtención de la meta general.

Estas son algunas sugerencias para la autocompensación:

- Ir a relajarse en el parque o al campo
- Disfrutar una noche tranquila, en solitario
- Salir a disfrutar una cena con su familia
- Comprar música nueva

- Comprar un libro nuevo
- Tener relaciones sexuales
- Ir a una obra de teatro
- Ir a darse un masaje
- Tomar un baño relajante
- Ir a la playa
- Tomar un curso gratuito en línea
- Hacer algo creativo como dibujar, pintar o tocar un instrumento musical
- Ir de vacaciones
- Comprar ropa nueva
- Practicar su deporte favorito

A veces, marcar su logro es suficiente. El uso de un gráfico de pared o una lista de tareas, que funciona por medio de la acumulación de puntos (o calcomanías, si lo prefiere), puede ser extremadamente gratificante y ayudarlo a sentirse orgulloso de sus logros. ¿Qué recompensas prefiere usted?

TÉCNICA # 5
Divida su meta en pasos realizables

Una de las formas en que su resistencia tratará de disuadirle de alcanzar su objetivo es argumentar que es demasiado complicado o trabajoso para usted. Muchas personas tienen grandes visiones sobre lo que les gustaría obtener, pero la perspectiva de llegar a ese punto puede parecerles imposible, por ejemplo, si tienen que bajar de peso. En ocasiones, establecemos metas (El Mago en acción), pero nos resultan tan lejanas (El Lagarto en pleno apogeo) que nos quedamos en la dilación, y no progresamos.

Vencer las barreras de nuestras aspiraciones mediante pasos pequeños

Es difícil implementar la disciplina para lograr grandes objetivos, pero si desglosa su objetivo en pasos pequeños, es muy probable que se mantenga lo suficientemente disciplinado para completar cada pequeño objetivo.

Lograr cada paso de la meta hará que se sienta satisfecho y realizado, y eso lo impulsará a completar todo el objetivo.[10]

Supongamos que quiere encontrar un nuevo trabajo que le guste. Mire, no tiene que lograr el objetivo de inmediato. Existe una secuencia de eventos con plazos razonables. Puede desglosarlo en tareas sencillas como:

- Objetivo 1: Buscar los trabajos que desearía.
- Objetivo 2: Aprender las nuevas habilidades para optar con éxito por el nuevo trabajo.
- Objetivo 3: Actualizar su currículum.
- Objetivo 4: Enviar el currículum a cinco posibles empleadores.
- Objetivo 5: Acceder con éxito a una entrevista de trabajo y recibir una oferta de trabajo competitivo.
- Objetivo 6: Comunicar su renuncia al trabajo actual.

En esta lista usted ve la posibilidad de desglosar algunos objetivos para hacer un calendario más detallado, en tareas pequeñas y factibles. Luego, gradualmente, puede trabajar, día a día, en pro de la meta mayor. Así evita la resistencia a un gran cambio, porque lo introduce con lentitud. Su cerebro de Lagarto no lo notará y así podrá reforzar la autodisciplina en el proceso. Tener sus objetivos diarios establecidos desde la noche anterior es una buena forma de comenzar su mañana listo para ¡entrar en acción!

Puede utilizar objetivos del tipo «METAS»,[11] acróstico para: medibles, específicos, tangibles, atractivos, seriados. Esto hace que el fin sea más palpable porque lo saca del plano de la imaginación y lo coloca en la realidad. Con el ejemplo de encontrar un nuevo trabajo utilizado anteriormente, un objetivo «METAS» podría ser así:

- **Medible:** Anotaré en una hoja de cálculo el tiempo que gasto y los lugares que considero.
- **Específico:** Dedicaré treinta minutos del día para revisar los lugares de trabajo.
- **Tangible:** Usaré el tiempo que invierto en viajar para hacer todo esto en vez de leer las actualizaciones de Facebook.
- **Atractivo:** Revisaré los sitios, veré qué me inspira y encontraré ideas para nuevas carreras que me interesen.
- **Seriado:** Lo haré todos los días hábiles durante dos semanas, lo que hace un total de cinco a seis horas de investigación.

Este nivel de detalle hace que sea una tarea mucho más alcanzable, ya que tiene límites claros y usted ha pensado detenidamente cómo, por qué y cuándo hacerlo. ¿Qué objetivos del tipo «METAS» le gustaría proponerse?

TÉCNICA # 6
Reconocer su progreso

Hemos crecido sin saber que tenemos comentarios internos tan negativos; nos es tan rutinario que lo percibimos como algo normal. La mayoría de nosotros tenemos una baja autoestima y un diálogo interno desalentador, a no ser que hayamos elegido tratar el asunto. Las críticas, las dudas y dichos diálogos individuales por lo general adversos, son abundantes en nuestra sociedad y pueden ser una barrera de gran importancia para el desarrollo personal y la evolución. Esto tiene un impacto enorme en el equilibrio entre la autodisciplina y la voz de la resistencia, generalmente a favor de la última.

Vencer al apreciar su crecimiento

Todos merecen sentirse bien y usted es el más indicado para apreciar y reconocer su valor personal. Una conversación positiva y alentadora, es una herramienta eficaz que disminuye poco a poco su resistencia, porque consolida en la mente el resultado positivo de sus logros. Esto produce confianza y autodisciplina.

Felicitarse por sus logros es una excelente herramienta para desarrollar la autodisciplina y la autoestima. Cuando complete u obtenga esas metas que requerían una salida de su zona de confort, dígase a sí mismo en su interior o en voz alta, algo así como: «¡Galán, que bien lo hiciste!», «buen trabajo» o «sí, ¡lo logré!». Esto es una herramienta de mucha ayuda porque usted asume la responsabilidad de sus logros personales. Alabarse usted mismo y sus logros también lo pone de buen humor. Así tendrá energías para lograr más, y establecerá una retroalimentación constante de éxitos.

Enumere las veces que tuvo que salir de su zona de confort o lidiar con una situación difícil. Cada vez que su resistencia le diga que no puede lograr su objetivo, contrarréstela recordando sus fortalezas y logros, y afirme que sí

lo logrará. ¿Qué está orgulloso de alcanzar? Podrían ser cosas insignifican-
tes, pero poco a poco van creciendo.

TÉCNICA # 7
Observar el progreso

Usted no puede recordar siempre todo lo que ha logrado o sus futuras aspiraciones mientras avanza hacia la autodisciplina. Tiene que retener demasiada información y evitar innumerables obstáculos. Persistir en un hábito
cuando siente que no progresa es una invitación directa a la voz de su resistencia para que le pregunte por qué lo hace. Debe controlarla, o fracasará
en lograr sus objetivos.

Vencer mediante el seguimiento de la superación personal

Registrar los progresos es un magnífico método para el crecimiento y el
desarrollo. Le permite apreciar cuánto ha progresado, y eso lo motiva a
mantenerse al día. Sin embargo, es muy fácil olvidar sus logros, así que
una buena práctica es tener siempre recordatorios visibles que le muestren
gráficamente su crecimiento. De esta forma podrá constatar cómo empezó
el avance hacia su meta, todo el recorrido hasta la victoria y la satisfacción
de lograrlo.

Para registrar su progreso puede unir los procedimientos de la Técnica
5: «Divida su meta en pasos realizables», y la Técnica 6: «Reconocer su progreso», en una sola herramienta, actualizando y revisando con regularidad
sus esfuerzos para alcanzar su meta. Anote la fecha, la actividad y el tiempo
requerido. Apunte también cómo podría mejorar la próxima vez y enumere
las cosas que funcionaron bien.

Mantenga todos los progresos en un registro, puede ser un cuaderno,
una nota en su teléfono o una hoja de cálculo en la computadora. Sea cual
sea el medio que utilice para hacerlo, es importante que sea algo que usted
disfruta. Use un cuaderno nuevo, de calidad y escriba con bolígrafos de
colores. Eso hará que el proceso le resulte entretenido y atractivo. Si es de
los que prefieren lo digital use un documento o aplicación que le guste.
Mientras más motivante encuentre el proceso, más reducirá su resistencia

al cambio y más se fortalecerá su autodisciplina. Observar claramente lo que ha logrado superar, vence el diálogo interno que afirma que no puede alcanzar su meta.

TÉCNICA # 8
Distracciones y tentaciones

Como expresamos con anterioridad, su pensamiento hará todo lo posible para que usted no salga de su zona de confort. De repente, las tareas más sencillas, como limpiar la casa, parecen de veras más atractivas que el esfuerzo necesario para alcanzar sus objetivos. En estos momentos de debilidad, la mente se inclina hacia cualquier cosa que parezca más agradable, y mantenerla en el buen camino consume una gran cantidad de energía. Es como tratar de arrear a un elefante rebelde.

Vencer su lucha interna

Conviértalo en algo fácil para usted. La batalla entre su resistencia y su ambición de tener éxito consumen el tiempo y las energías que pudiera direccionar hacia la realización de sus objetivos. Para evitar tales conflictos internos, tómese el tiempo de reflexionar sobre los aspectos que lo retienen y elimine los entretenimientos y las tentaciones que lo rodean.

Esto es subjetivo en dependencia de la meta que usted desea. Por ejemplo, si se impuso una nueva dieta, no llene su congelador de alimentos procesados. Si es propenso a perder el tiempo con la pornografía o con Facebook, instale un software que los bloquee. Si debe terminar un trabajo importante al final de la semana, pero es dado a quedarse despierto hasta tarde para ver su serie de televisión favorita en el DVD, dele sus discos a un amigo para que los guarde hasta el fin de semana o quítele el cable de la corriente a su televisor. Haga lo que sea para crear el entorno óptimo para el éxito. Combinar esto con las recompensas lo mantiene alejado de todo aquello que lo retiene y a la vez lo ponen en el buen camino hacia el cumplimiento, la prosperidad y el mejoramiento de la autodisciplina.

Resumen

La autodisciplina es la capacidad de motivarse para alcanzar objetivos y mejorar la calidad de vida. No es una habilidad natural que poseen algunas personas, sino una destreza que todos pueden aprender. Consiste en planear, retrasar la gratificación y salir de su zona de confort. Se trata de un rasgo infravalorado en una sociedad moderna que lo quiere todo al instante. Sentirse como una víctima mantiene al ego en su zona de confort. De esta manera nunca asume responsabilidades. Para crecer y aprovechar al máximo sus mañanas y su vida, es necesario salir de la zona de confort. Cuando de éxito se trata, las investigaciones sobre los resultados de los estudiantes han demostrado que la autodisciplina es más importante que el coeficiente intelectual.

LOS CONSEJOS DEL MAGO

Hay varias herramientas que puede utilizar para cultivar la autodisciplina, algunas son:

- Identificar y concientizar su resistencia.
- Planear cada resultado.
- Listar los pros y los contras de alcanzar sus objetivos.
- Premiarse al alcanzarlos.
- Segmentar los grandes objetivos en otros más pequeños y factibles (objetivos «METAS»).
- Reconocer y registrar sus progresos.
- Eliminar las tentaciones y las distracciones.

Capítulo 9
Crear hábitos de empoderamiento

«Me comprometí a dejar de beber por completo y a toda cosa que me impidiera unir mi mente y mi cuerpo. Y las compuertas de la bondad se me han abierto, espiritual y financieramente».

—DENZEL WASHINGTON

SE DICE QUE nos convertimos en nuestros hábitos. Ellos se forman durante años de repetición y son una respuesta automática a una determinada circunstancia. El comportamiento se vuelve instintivo porque lo hacemos muchas veces. Cada vez que repetimos un hábito enviamos un impulso eléctrico a través de las sinapsis, lo que fortalece la principal vía neural en nuestro cerebro. Al principio las vías neuronales son pequeñas, pero crecen cuanto más las estimulamos. Con el tiempo, llegan a ser caminos y luego autopistas.

Finalmente, con suficientes impulsos circulando por una vía neural, el comportamiento se vuelve subconsciente. ¿Recuerda cuando aprendió a montar bicicleta o a conducir un automóvil? Se volvió mecánico, a tal extremo que ni siquiera necesita pensar el proceso. En esa etapa, el Lagarto está en su zona de confort, así que no opone resistencia alguna.

Todo esto está muy bien para los hábitos que nos benefician, como bañarnos o cepillarnos los dientes; pero, con frecuencia, hay otros que nos perjudican, como fumar o comer alimentos pobres en nutrientes. La mañana perfecta se relaciona con una serie de hábitos empoderadores. Es la mejor parte del día para hacer cambios, porque al despertarnos la mente se está ajustando a una nueva situación; así que podemos aprovechar esta novedad inherente.[1]

Según investigadores de la Universidad McMaster, la fuerza de voluntad es un recurso finito que tiene su máxima expresión durante las mañanas.[2] Aunque es un recurso limitado, se puede desarrollar y fortalecer aplicando los principios de la creación de nuevos hábitos. Nuestra fuerza de voluntad es fuerte al amanecer, así que constituye el mejor momento para establecer nuevas costumbres.

Cómo crear nuevos hábitos

Aprendimos viejos hábitos de igual manera que aprendemos cualquier cosa, mediante la repetición. Pasa igual cuando se forman nuevos patrones, porque esto funciona a través de la teoría del desplazamiento. Imagine que tiene un vaso de agua sucia (que representa los viejos hábitos) y le echa agua potable (nuevos hábitos); poco a poco, el agua potable desplaza a la sucia. En breve, tendrá un vaso fresco, limpio, lleno de hábitos nuevos y empoderadores.

El escritor del *New York Times*, Charles Duhigg, identificó lo que él llama bucle del hábito, el mecanismo detrás de todos los hábitos. El mismo consta de tres partes: señal, rutina y recompensa. Por ejemplo: usted se encuentra en su automóvil y el semáforo está en rojo:

1. **La señal:** La luz cambia a verde. Desencadena el hábito, es la señal para que usted actúe.
2. **La rutina:** Empieza a conducir. Es el comportamiento automático o hábito.
3. **La recompensa:** Conduce con seguridad, mira los semáforos y prosigue su camino. Es la recompensa por crear el hábito.

La señal detona una indicación en el cerebro que inicia el comportamiento habitual automático. Esto provoca la rutina, motivada por la recompensa. Ser recompensado facilita la acción al inicio del ciclo, porque el cerebro tiene la expectativa del premio, lo que reduce la resistencia del Lagarto. Si entendemos tal proceso de comportamiento, podemos instaurar nuevos hábitos más eficientemente. Ofrecemos a continuación algunos consejos más útiles para crearlos:

a. Priorice los hábitos

Cuando aprenda cuán sencillo es cambiar los hábitos, deseará hacer ajustes en todas las áreas de su vida. Tómese el tiempo para decidir cuáles de ellos le gustaría instaurar en esa área en la que aspira desarrollarse. Algunas áreas a considerar son: salud, riqueza, relaciones sociales, trabajo, pasatiempos, autoestima, habilidades interpersonales, pensamiento positivo, administración del tiempo, propósito de la vida y dominio de las mañanas.

b. Desarrolle uno a la vez

Disponemos de una cantidad limitada de fuerza de voluntad en la mañana, así que es muy importante cómo usamos esa energía. Si se enfoca en un solo hábito que quiere cambiar, como tener desayunos saludables, sabrosos y nutritivos, puede concentrarse en la tarea en cuestión hasta que se convierta en un hábito (algo que no requiere tanta voluntad y esfuerzo).

El tiempo para establecer el nuevo hábito depende de cuánta resistencia usted oponga al cambio. Los que son a un plazo muy largo resultan bastante desalentadores. Su Lagarto, incrédulo, se reirá de ellos. Si su objetivo es correr veinte kilómetros al aire libre pero actualmente se queda sin aliento al subir un tramo de escaleras, divida su meta en pasos más realizables. Las pequeñas mejoras incrementales propician una gran transformación y, con frecuencia, son más potentes y sostenibles.

c. Comprométase y decídase a esforzarse tanto como sea necesario

Instaurar nuevos hábitos llevará tiempo y esfuerzo. Cuando se proponga formarlos, determine cuánto tiempo trabajará para adquirirlos y marque esa fecha en un calendario. Basta un mes para observar cambios importantes en el comportamiento y en los hábitos. Antes de entrar en acción, escriba lo que espera obtener, cuántas veces a la semana practicará este nuevo hábito, los momentos y los lugares para desarrollarlo.

Esta planificación también determina cuáles son los agentes desencadenantes y cuándo entran en acción. Un objetivo específico le ayuda a mantenerse responsable de sí mismo. Haga todo lo posible por lograr su meta una vez que se la haya impuesto. Si sufre una «recaída» en el camino, levántese, «sacúdase el polvo» y siga la marcha.

d. Recompense sus éxitos

Esta es la tan importante etapa final del bucle que a menudo se ignora. Tenga siempre una recompensa para premiar el nuevo hábito; debe ser algo que lo motive a completarlo. Para algunos, es muy sencillo: se felicitan por su buen desempeño o su trabajo, o simplemente se anotan un punto bien grande en su hoja de recompensas.

e. Acumule los hábitos

Las vías neuronales de sus hábitos preexistentes son rutas de mucho tránsito en su cerebro. Aproveche esto, construya un nuevo hábito y asócielo con uno antiguo que esté bien establecido. Es más rápido crear nuevas vías neuronales relacionadas con otras que ya están establecidas, que empezar de cero.

Imagine que desea habituarse a hacer ejercicios por la mañana, pero tiene la costumbre de leer el periódico a esa hora. Vincule ambas actividades; ejercítese inmediatamente antes de leer el periódico. Ello le permite instalar mucho más rápido el nuevo comportamiento que desea, y la recompensa es leer el periódico. ¿Qué hábitos podría acumular para facilitar el proceso de cambio?[4, 5]

El poder de las afirmaciones

Las afirmaciones constituyen otra forma de hábito; ocurren cuando declaramos una intención o creencia, tanto en voz alta como en silencio. Cualquier creencia que tengamos proviene de observar nuestras experiencias y luego procesarlas en forma de juicio o afirmación. Supongamos que tuvo una vivencia desagradable en un zoológico cuando era más joven. Posiblemente desarrolló la creencia de que los zoológicos asustan, y se refiere a ellos de forma negativa, esto reafirma su creencia y arraiga la idea. Así que a usted le resulta difícil ir a un zoológico y disfrutarlo de verdad.

Del mismo modo en que los hábitos repetidos se vuelven más fuertes en las vías neurales, las frases repetidas se convierten en creencias y hábitos establecidos. Las creencias producen un enorme efecto en nuestra experiencia de la realidad porque filtran, al pie de la letra, la información que el subconsciente permite que la mente consciente reciba, por lo que, en cierto sentido, elabora nuestra experiencia de la realidad. Las investigaciones han confirmado el poder de las afirmaciones para reducir el estrés. Son excelentes para silenciar al Lagarto.[6, 7]

Cada milisegundo recibimos una gran cantidad de información de nuestro entorno para que el subconsciente la interprete y la entregue de manera comprensible a nuestra mente consciente. Por suerte, existe el sistema de activación reticular (SAR) del cerebro, que actúa como un filtro y determina qué datos llegan a nuestra mente consciente y cuáles se descartan. Sin él, estaríamos abrumados ante tantos informes sensoriales, (imágenes, sonidos, olores, etc.). El SAR es de gran ayuda porque reajusta la información pasada con nuestras creencias.

Por ejemplo, una persona que piensa que es fácil conseguir dinero camina por la calle y se encuentra un billete de veinte dólares en la acera. Sin embargo, otra, que considera que es difícil obtenerlo, camina por la misma acera, pero no ve el billete porque su creencia la afecta. La diferencia entre ambos individuos está en las creencias con las que su SAR filtra la información. Si cree que es difícil conseguir dinero, entonces lo será.

El subconsciente capta todo a su alrededor; pero en el caso del individuo que piensa que es fácil ganar dinero, la información se comunica a la mente consciente para que se ajuste a la creencia. En el caso del otro que estima difícil ganar dinero, la información se omite para adaptarse a tal creencia. Lo que creemos conforma, literalmente, nuestra experiencia de la realidad.

Una creencia no es más que un pensamiento repetido las veces necesarias para convertirse en una autopista neuronal que favorece un comportamiento automático. Lo que afirmamos las veces requeridas, se convierte en una creencia y en una verdad para nosotros. Por ejemplo, al inicio, podríamos afirmar que nos encanta levantarnos por la mañana. Aunque no sea cierto, remplazaremos los hábitos viejos por los nuevos, si usamos las técnicas que abordaremos más adelante.

Lo sepa o no, hemos utilizado las afirmaciones toda nuestra vida. Cuando aprendemos cómo hacerlo, podemos utilizarlas para establecer creencias y hábitos empoderadores, en lugar de aquellos que nos impiden el dominio de nuestras mañanas.[8, 9]

Nota importante: Aunque son una herramienta efectiva, las afirmaciones por sí solas no producirán los cambios que necesita para controlar sus amaneceres. Las afirmaciones cambian la percepción de sus experiencias y le brindan información relevante sobre su entorno por medio de los libros, los artículos, los DVD o los consejos de alguna persona, que usted puede aprender y aplicar para el dominio de las mañanas. Sin embargo, después de afirmar, debe entrar en acción.

Cómo hacer afirmaciones poderosas

Para ser exitosas, las afirmaciones deben seguir reglas específicas; solo así cambiaremos nuestras creencias y hábitos. Ellas, al igual que los hábitos, funcionan mediante la teoría del desplazamiento. Con la repetición, podemos transformar nuestras viejas creencias y hábitos restrictivos en nuevos y relucientes empoderamientos. Le mostramos cinco pasos para lograr afirmaciones poderosas y de éxito que funcionen para usted.

1. Use el tiempo presente

La mente subconsciente no concibe el pasado ni el futuro, solo el tiempo presente. Decir: «Me gustará levantarme por la mañana» aplaza de continuo el cambio que desea lograr, porque ocurre en el futuro.

El subconsciente no distingue entre lo real y lo imaginado vívidamente; percibe lo que se experimenta en el momento, incluso si es imaginario. Use un lenguaje que defina el momento presente, por ejemplo: «Estoy disfrutando levantarme esta mañana», y su subconsciente se encargará de presentarle a su mente consciente toda la información necesaria para hacerlo realidad. Entonces, ¿qué le gustaría afirmar?[10]

2. Diga algo que le guste repetir a toda hora

Las afirmaciones más poderosas son aquellas que motivan y entusiasman. Lo que afirme en voz alta debe sonarle atractivo. Esto es por dos razones: primero, la afirmación debe ser algo que a usted le gustará decir una y otra vez. Segundo, su subconsciente responde de forma activa a las emociones. Todas las afirmaciones, positivas o negativas, que hizo en el pasado con un fuerte vínculo emocional, son las que más rápido ha establecido como creencias y hábitos ya arraigados.

¿Cómo se siente cuando hace su afirmación? ¿Es consciente de la resistencia de su Lagarto? Si lo es, entonces debe cambiar el lenguaje hasta que encuentre una frase que le guste y que no genere resistencia. Use adjetivos agradables y palabras enérgicas como: ahora, fácil, satisfactorio, pleno, sexy, increíble, impresionante, fuerte, divertido y agradable.

Note la diferencia entre: «Estoy disfrutando levantarme esta mañana» y «sí, prefiero este deleite y estoy disfrutando levantarme esta mañana». El segundo caso usa imágenes descriptivas que estimulan la emoción. Además, el uso de la palabra *prefiero* hace que la afirmación se perciba como una elección consciente en lugar de como una obligación, y cuanto más pueda poseerla, mejor ocultará el cambio de la mirada del Lagarto.

Cuando escriba sus afirmaciones, hágalo de diferentes maneras. Emplee un lenguaje colorido y positivo hasta que halle la expresión que mejor se adapte a sus necesidades.

3. Use frases inclusivas

Las afirmaciones deben definir lo que quiere, pero nunca mencionar lo que no quiere. El subconsciente entiende de manera literal lo que usted dice. Si usted expresa: «No quiero sentirme cansado esta mañana», su afirmación resulta ineficaz porque incluye en ella lo que no desea. Su subconsciente se enfoca en «sentirme cansado esta mañana». Entonces, incluya solo lo que quiere lograr. Declare el resultado. Por ejemplo: «Esta mañana me siento revitalizado y vigoroso». ¿Lo ve? Aquí solo se centra en las cualidades que desea obtener.

Es posible que necesite cierta imaginación para evadir aquello que no desea. Un ejemplo clásico de una afirmación que la gente usa erróneamente es: «Decido dejar de fumar», porque incluye lo que no desean. La mente subconsciente oye «fumar» y el problema sigue ahí. En este caso, requerimos algo de ingenio. Afirmemos: «Decido respirar aire puro», ¿qué le parece?

4. Sea específico

En el terreno de las afirmaciones efectivas, la mente subconsciente solo comprende medidas específicas. Debe tenerlo en cuenta a la hora de afirmar algo para que obtenga justo lo que desea. La frase: «Elijo ganar más dinero», no es una afirmación efectiva porque el subconsciente no recibe ninguna información específica para trabajar. Si lo afirma una y otra vez, quizás obtenga una propina de cinco dólares una vez al mes en su trabajo. ¡Sea específico!: «Elijo ganar 250 dólares más este mes» resulta más efectivo porque el subconsciente trabaja con esta cantidad específica.

Veamos otro ejemplo: «Decido tener una nueva pareja». Bueno, sí, es posible que conozca a alguien, pero al no ser específico, quizás sea una persona que no es compatible con usted. ¿Qué tal si dijera?: «Decido tener una nueva pareja que me ayude con mis metas, que disfrute levantarse temprano, la comida mexicana y la salsa». Mientras más específica sea la información, más fácil le resulta al subconsciente encontrarla en su experiencia y transmitírsela a su mente consciente.

5. Hágalo creíble, pero con límites

No siempre puede llegar adonde quiere en un santiamén. Los viajes largos requieren muchos pasos diferentes hasta arribar al destino. Lo mismo pasa cuando afirma algo. Necesita una idea realista de lo que puede lograr en relación a su posición presente. Si toda la vida ha odiado levantarse por la mañana porque sus padres le gritaban para que lo hiciera, entonces le parecerá inverosímil la idea de levantarse de la cama y disfrutarlo. No intente de inmediato afirmar que ama las mañanas. Su mente no lo creerá posible.

Por ejemplo, su creencia actual de que «las mañanas son horribles» posee demasiado valor mental y resistencia para que su Lagarto acepte una nueva creencia como «me gusta levantarme por las mañanas». En su lugar, busque una afirmación más creíble, más palpable y avance, con pasos de bebé, hacia sus mañanas adorables. Podría comenzar con «decido encontrar las mañanas bastante aceptables» o «decido ser neutral con las mañanas». Luego, con el tiempo, incremente de forma gradual su creencia de lo que es posible. Pudiera expresar: «Decido amar las mañanas».

Al mismo tiempo, cuando elabore afirmaciones, reduzca los límites de lo que considera posible. Una norma general es que si puede imaginar que ha logrado aquello que sostiene, entonces puede convertirlo en realidad. Si usted crea una afirmación sobre algo que pudiera lograr fácilmente, entonces su satisfacción no será tan grande como si la hubiera hecho en cuanto a algo más desafiante.

Cómo emplear las afirmaciones

Existen algunos puntos importantes que debe recordar para maximizar sus esfuerzos a la hora de expresar sus afirmaciones:

1. Relájese

Una mente relajada significa que el Lagarto no está tan en guardia y es mucho más susceptible a las sugerencias de sus afirmaciones.

- Busque un lugar tranquilo en la mañana (cuando su fuerza de voluntad sea más fuerte) para hacer sus afirmaciones del día.
- Asegúrese de estar cómodo.
- Examine su cuerpo para detectar cualquier tensión y deje que esa parte se suavice, relaje y libere toda la tensión.

2. Visualice

El subconsciente responde con fuerza a los sentimientos. Mientras más experiencia sensorial contenga su afirmación, más efectiva será.

- Imagínese que ya alcanzó el objetivo de su afirmación.
- Use todos sus sentidos. ¿Qué puede ver, oír, oler, tocar y probar cuando alcanza su objetivo?

3. Sienta

Cuando visualice la obtención de sus metas, imagine lo increíble que será. Crear el ambiente de su experiencia final es una buena forma de hacer que el subconsciente tome nota. Si le resulta difícil conectarse con las emociones que desea crear, recuerde las experiencias del pasado que produjeron tales sentimientos y luego trasládelos a la experiencia que ansía lograr. Por ejemplo: si desea afirmar que disfruta del ejercicio, recuerde un momento en que se sintió capacitado o satisfecho después de hacerlo. Tome las experiencias positivas pasadas y pégueselas a esas nuevas que desea, para maximizar el éxito.

4. Repita

Ya lo mencionamos anteriormente: la repetición es la madre del aprendizaje. Si sigue los ejemplos de manera constante, obtendrá los resultados que desea. Reserve tiempo cada mañana para reforzar los mensajes positivos que se propone establecer como hábitos y creencias. Solo necesita uno o dos minutos; y recuerde, la regularidad es esencial.

5. Recuerde

Escriba sus afirmaciones y colóquelas en un lugar visible. Que sea en alguna parte que visita a diario, como la cocina, el baño o el dormitorio. Cada vez que las vea, puede practicar brevemente el proceso descrito con anterioridad: relájese, visualice, sienta y repita la afirmación.

Una manera formidable de controlar sus mañanas y su vida es instaurar nuevos hábitos y afirmaciones. Con dichas herramientas, puede superar la resistencia de su Lagarto y convertirse, hasta donde sea posible, en la versión más increíble, productiva, feliz y tempranera de su persona.

LOS CONSEJOS DEL MAGO

- Los hábitos son conductas automáticas que se aprenden mediante la repetición.
- Durante la mañana nuestra fuerza de voluntad es más fuerte, así que es el mejor momento para establecer nuevos hábitos.
- Todos los hábitos siguen el mecanismo de tres partes del bucle del hábito: señal, rutina y recompensa.
- Hay varias cosas que podemos hacer para crear nuevos hábitos. Algunas son:
  - ◆ priorizar hábitos

- ♦ centrarse en uno solo
- ♦ ajustarse a un horario de acción predeterminado
- ♦ premiar nuestros éxitos
- ♦ acumular hábitos
- Las afirmaciones son declaraciones de intención o creencia de cómo deseamos que las cosas se expresen como si ya fueran así.
- La mente subconsciente filtra nuestra experiencia de la realidad de acuerdo con nuestras creencias.[11]
- Una creencia es una afirmación que se vuelve real al repetirla reiteradamente.
- Podemos usar afirmaciones para cambiar nuestra experiencia de forma positiva.
- Existen seis pasos para crear afirmaciones efectivas y aprovechar su capacidad de cambio:
  - ♦ usar el tiempo presente
  - ♦ usar un lenguaje que nos agrade
  - ♦ usar frases inclusivas (lo que quiere, no lo que no quiere)
  - ♦ ser específico
  - ♦ hacerlo creíble
  - ♦ repetirlas constantemente

Capítulo 10
La creatividad mediante la escritura

■

«Hoy, o escribe algo que valga la pena leer o haz algo que valga la pena escribir».

—BENJAMIN FRANKLIN

DESPUÉS DE UNA buena noche de sueño, su cuerpo se ha reabastecido, se ha sanado y ha realizado las tareas necesarias para que usted pueda comenzar su día. Lo mismo pasa con el cerebro. Las imágenes por resonancia magnética (IRM) muestran que, al despertar, las conexiones sinápticas son más fuertes que cuando se acostó la noche anterior.[1] Esto influye en la creatividad, porque las diversas regiones del cerebro asociadas con la creatividad son más fuertes al amanecer. Algunos estudios investigativos han usado una esencia condicionada, de vainilla, por ejemplo, para estimular los centros creativos en el cerebro Mago y lograr un rendimiento creativo superior. Aunque la regla no es infalible, para muchos, la mañana es el mejor momento para la creatividad. Para otros, mejorar el medio ambiente puede ayudar a perfeccionar sus actividades creativas.

Se han documentado los muchos beneficios de la escritura. Dedicarle unos cinco minutos a este arte durante la mañana puede traerle grandes beneficios. Estamos hablando de: menos visitas al médico, reducción de la presión arterial, mejoras en el estado de ánimo, en los sentimientos afectivos y en el bienestar psíquico. Por solo mencionar algunos de los conocidos. El neuropsicólogo, Jenni Ogden, certifica los beneficios de expresarse creativamente a través de la escritura. Él sugiere que escribir y leer algo que disfrutamos puede ralentizar el proceso de envejecimiento del cerebro.[2]

Establecer metas es otra excelente forma de comenzar el día con la escritura, al igual que la práctica de la autodisciplina y la formación de hábitos empoderadores. Una investigación demostró que las personas que, con frecuencia, escriben cómo alcanzar sus metas futuras son más felices y tienen menores niveles de estrés.[3]

Mantener un diario donde exprese cómo se siente en cuanto a ciertos problemas es otra forma de practicar la escritura temprano en la mañana. Otro estudio documentó individuos que, de forma voluntaria, registraron por escrito sus situaciones traumáticas. Seis meses después de empezar a hacerlo, experimentaron beneficios emocionales porque la descripción del trauma los preparó mucho mejor para lidiar con él, aunque no se lo comentaran a nadie.[4, 5]

Técnicas creativas para despertar su mente en la mañana

Parece como si algunas personas no tuvieran que esforzarse para ser creativas mientras que otras sí. Bueno, la verdad es que la creatividad es una habilidad que todos pueden cultivar. La próxima vez que necesite algo de inspiración para escribir, experimente con algunas de estas técnicas para recibir inspiración de las musas. Solo debe emplear diez minutos de su mañana. Pruebe uno de estos ejercicios todos los días durante una semana.

1. Narre un acontecimiento que lo haya impactado profundamente

Narre en detalle un acontecimiento que lo afectó en lo emocional. Exprese sus sentimientos sin omitir pormenores, el impacto causado, y cómo se sintió antes y después de la experiencia.[6]

2. Describa, con sumo detalle, una persona conocida

Haga una descripción de alguien que conoce bien. Elabore una breve biografía, según lo que sabe de ella y describa su relación con la misma. ¿Qué experiencias de la vida han conformado a esta persona? ¿Cómo se conocieron? Luego haga el mismo ejercicio, pero esta vez conciba un personaje ficticio y su relación con él o con ella.

3. Describa un objeto al detalle

Escoja cualquier objeto y descríbalo con el mayor detalle posible. Incluya aspectos como: la forma, el color, la función, etc., pero deje que su imaginación lo transporte más allá de lo que observa y agregue elementos fantásticos y divertidos. Por ejemplo: tengo una tostadora metálica en mi cocina. Hace poco un grupo de alienígenas diminutos la colonizaron y cada vez que hago tostadas le sacan el calor para alimentar su nave cósmica que, por cierto, es del tamaño de mi dedo pulgar.[7, 8]

4. Escriba sobre su mañana perfecta

Elabore un breve resumen sobre su mañana perfecta. ¿Cuáles son las actividades que desarrollaría, qué desayunaría y cómo se sentiría? Este es un excelente ejercicio de visualización que estimula la creatividad y las ideas sobre lo que le gustaría obtener de las mañanas en «un mundo perfecto».[9]

5. Escriba sobre una pieza musical

Ponga una canción de su agrado y escriba un relato detallado sobre ella. Exprese cómo se identifica con la letra y cómo lo hace sentir la melodía.

6. La varita mágica

Este es un magnífico ejercicio para imaginar soluciones a problemas y al pensamiento lateral: escriba sobre un problema que esté experimentando ahora mismo. Si dispusiera de una varita mágica que pudiera crear algo, ¿qué haría? Dicho ejercicio es una excelente manera usar enfoques no convencionales y practicar la búsqueda de soluciones. Combina las habilidades lógicas de resolución de problemas con la expresión creativa para que su cerebro Mago le brinde una experiencia más satisfactoria durante la mañana.

7. Analice las obras de los escritores que admira

Hojee su libro favorito de ficción o poesía para inspirarse. Se dice que la imitación es la forma más grande de adulación. Esto no quiere decir que copie constantemente las ideas de otros; eso es pereza. Pero si le resulta trabajoso plasmar ideas originales, recuerde que todas las formas de arte contribuyen al contexto más amplio de las innumerables piezas de arte que les dan significado en primer lugar. Sus autores favoritos también tuvieron sus propios escritores de inspiración, de los cuales tomaron prestadas algunas ideas. Quizás algunos de ellos, sin pena alguna, arrancaron el trabajo a otros. Tome lo que le gusta de sus autores preferidos, examine lo que le atrae de su obra, y téngalo en cuenta para futuros proyectos de escritura, pero recuerde hacerlo por usted mismo.

Cómo superar la resistencia a ser creativo

Con los increíbles beneficios que la escritura creativa puede aportar a su mañana no resulta extraño que el Lagarto intervenga para no salir de su zona de confort. Pudiéramos decir que mientras mejor sea algo para usted, mayor resistencia tendrá que enfrentar. Sin embargo, si usted ha aprendido algo de este libro hasta ahora, esperamos que entienda que la resistencia es una fuerza interna, una manifestación de su cerebro de Lagarto. Dado que viene de su interior, usted puede asumir la responsabilidad y reducir su influencia.

Algunos consejos pertinentes son:

1. ¡No acepte excusas!

Toda esa columna de excusas inteligentes que su Lagarto elabora son métodos extremadamente ingeniosos para olvidarse de hacer lo que había planeado y también le restan poder para crecer y desarrollarse. Cada vez que cede a las excusas, será más difícil la próxima vez que surja la situación. Manténgase enfocado en su esfuerzo creativo.

2. No tiene que ser perfecto

Existe la idea errónea de que los autores, escritores y artistas exitosos se sientan a producir obras maestras. En realidad, esas personas pasan muchísimas horas perfeccionando su oficio. Esforzarse por continuar un proyecto de creación, incluso si los resultados parecen mediocres, significa superar la resistencia y desarrollar la creatividad. El crecimiento real se produce a través de estas arduas experiencias.

3. Esté preparado para la resistencia

La resistencia aparecerá en cualquier momento de su labor creativa, quizás cuando cometa un error evidente o cuando se quede sin ideas. La cuestión es que sucederá. Para vencer la resistencia, debe prepararse para su inevitable aparición. Deberá salir de su zona de confort. Sea inteligente, su cerebro de Lagarto es muy engañoso y tiene mil y un trucos bajo la manga para evitar que prosiga. Espere resistencia y cierta aprensión y recuerde que puede venir de formas variadas.

4. Haga un poco de planificación

Antes de embarcarse en una tarea creativa haga un esbozo de lo que va a escribir. Investigue un poco sobre técnicas, estilos e información relacionados con la actividad. Así, con algunas ideas en mente, comenzará a actuar de inmediato.

5. Experimente diferentes proyectos a la vez

Esto se aplica a toda disciplina creativa. Es posible que se aburra muy rápido si intenta lo mismo en cada proceso de creación. Puede quedarse atrapado en la rutina al repetir la misma técnica, estilo de escritura o género. La experimentación con varios proyectos de escritura le permite sondear y expresar una amplia gama de proyectos creativos. Intente escribir cuentos de romance, de horror y de comedia en diferentes días de la semana.

Aproveche las mañanas para ser creativo y agregar un elemento de imaginación y de experimento a sus rutinas matinales. ¿Cuánta diversión creativa le gustaría incorporar?[10, 11, 12]

LOS CONSEJOS DEL MAGO

- Su cerebro tiene más conexiones sinápticas cuando se despierta por la mañana que cuando se fue a dormir. Esto aumenta su potencial creativo.
- Escribir por la mañana puede retardar el proceso de envejecimiento del cerebro, promover la felicidad, reducir los niveles de estrés y ayudar a superar traumas.
- Hay varias técnicas para estimular la creatividad con la escritura:
  - escribir sobre acontecimientos que lo hayan impactado profundamente
  - describir a una persona conocida
  - describir objetos cotidianos con un toque imaginativo
  - escribir sobre su mañana perfecta
  - escribir sobre una pieza musical de su agrado
  - el ejercicio de la varita mágica
  - analizar las obras de los escritores que admira
- Existen varias técnicas para superar la resistencia a la escritura:
  - no aceptar excusas
  - admitir que es imperfecto
  - prepararse mentalmente para la resistencia
  - planificar la sesión creativa
  - experimentar con diferentes proyectos al mismo tiempo

Capítulo 11
Aprovechar la mañana

■

«No es tan malo como piensas. Se verá mejor en la mañana».

—COLIN POWELL

LA MAÑANA ES el terreno de pruebas para una vida productiva (o improductiva, en dependencia de cómo la aborde). Establecer buenos hábitos durante esta parte del día y una rutina regular le permitirá a su mente concentrarse en las cosas que importan y son vitales para dominar las mañanas.

Aprovechar al máximo las mañanas

Las rutinas matinales constituyen una base firme que lo alistan para enfrentar su jornada con la actitud correcta. Las personas altamente exitosas tienen rutinas mañaneras que practican todos los días. Lo analizaremos con mayor profundidad en el capítulo 18 en la sección titulada «Qué hacen los líderes para comenzar el día».

Una práctica matutina es como un ancla que lo mantiene conectado a un conjunto de hábitos útiles. Al principio pueden parecer limitantes, pero con suficiente entrenamiento, lo liberan del Lagarto, del tiempo, de las energías que desperdicia y lo conducen a una mayor productividad, menos estrés y mañanas más placenteras.

Ya hemos visto que es en la mañana cuando nuestra fuerza de voluntad es más fuerte. No obstante, es un recurso precioso y limitado que impacta profundamente en la manera en que gastamos nuestro tiempo y energías. Si no sabemos hacia dónde va nuestro tiempo, es probable que lo perderemos en actividades sin importancia.

Es vital que dediquemos la primera parte de la mañana a nosotros mismos; esto resulta egoísta y altruista a la vez. Es egoísta porque, sí, nos ponemos en primer lugar; pero es altruista porque adoptamos una posición en la que seremos una versión más feliz y productiva de nosotros mismos, en un mejor estado para interactuar y apoyar a quienes nos rodean.

Cómo crear una rutina mañanera

¿Qué es lo primero que hace al levantarse por la mañana? Responda lo que responda, ahora la nueva respuesta es: «¡mi rutina mañanera!». Así es, en el momento en que se despierta, lo primero que debe hacer es comenzar su rutina de la mañana. No piense que está perdiendo el tiempo.

Dicha actividad no tiene que ser larga: puede ser de unos quince a veinte minutos o hasta dos horas. Es tiempo que dedica para usted y hábitos que lo benefician. Olvídese de los correos electrónicos, las redes sociales y cualquier aspecto de fuentes externas que gaste sus energías. Quedan prohibidos hasta después de la rutina matinal. Comprométase consigo mismo a que usted y sus mañanas felices y productivas sean lo primero.

La rutina mañanera es bastante subjetiva. Depende de cuáles actividades apoyan su bienestar físico, mental, emocional, de aquello que le ayuda a sentirse feliz y productivo. Lo que veremos a continuación es una guía aproximada para el desarrollo de dicha actividad, porque no existe una fórmula única. Debe usar lo que funcione para usted. Experimente con diferentes rutinas. Sea dinámico, cambie lo que no surte efecto y pruebe cosas nuevas.

No abarque demasiado al principio. Comience con unos cinco nuevos hábitos con los que desea iniciar sus jornadas. Mientras más largo sea el recorrido hacia una nueva rutina, mayor resistencia opondrá su Lagarto. Mientras el tiempo avanza y usted se acomoda al ritmo de su rutina, podrá agregarle más hábitos. Por ahora, empiece con poco.

Incorpore elementos que lo estimulen en lo físico, lo mental, lo emocional y, si lo desea, en lo espiritual. Adopte esos hábitos que producen sentimientos de emoción, de felicidad o de alegría. Lo más importante es que mantenga su rutina mañanera precisamente por el disfrute que le transmite. Si algunos aspectos no lo hacen sentir bien al practicarla, entonces elimínelos y reemplácelos por otros.

Las siguientes son algunas sugerencias de hábitos que podría incorporar a su nueva rutina de la mañana; le ayudarán a generar sus propias ideas:

En cuanto se despierte

- Beba un vaso de agua tibia con limón
- Tienda la cama
- Exprese diez cosas por las que está agradecido
- ¡Sonría!

Actividades físicas ligeras

- Estiramiento
- Yoga[1]
- Danza
- Trotar en el lugar
- Ejercicio de peso corporal
- Tener un desayuno energizante[2, 3, 4, 5]

Actividades mentales

- Escritura creativa
- Meditación
- Oración
- Escuchar un pódcast estimulante
- Pintura o dibujo
- Planificar la jornada
- Escribir metas para el día

Actividades emocionales

- Exprese sus afirmaciones positivas del día
- Escuche una bella pieza musical
- Dé un corto paseo al aire libre
- Mírese al espejo y diga cosas bonitas sobre su apariencia
- Haga una lista de rasgos positivos que aprecia de usted mismo
- Pase un buen rato con su familia

Una rutina mañanera podría ser así:

TIEMPO	ACTIVIDAD
6:00 a. m. - 6:05 a. m.	Beber una taza de agua tibia
6:05 a. m. - 6:15 a. m.	Estiramiento ligero y respiración yoga[6]
6:15 a. m. - 6:30 a. m.	Meditación y relajación guiada[7, 8, 9]
6:30 a. m. - 6:35 a. m.	Expresar sus afirmaciones positivas del día
6:35 a. m. - 6:45 a. m.	Actividad física ligera (caminar)

El desarrollo simultáneo de varios hábitos hace que los acumule de modo automático y que se creen conexiones neuronales más fuertes ¿Recuerda lo que abordamos en el capítulo 9 sobre cómo «crear hábitos de empoderamiento»? Todos ellos constan de las tres etapas del bucle del hábito: señal, rutina y recompensa. La primera es el detonante que le indica al cerebro que inicie el hábito. Entonces, cuando usted completa cada hábito consecutivo, desencadena la señal para el próximo. Eso establece, con el tiempo, el efecto dominó del comportamiento automático.

Quizás solo pueda emplear dos minutos para cada hábito; pero, aun así, será una valiosa rutina mañanera y su práctica constante se convertirá con rapidez en mañanas productivas y satisfactorias. Cuando la diseñe, no demore, comiéncela al día siguiente. Actúe lo antes posible para evitar la resistencia. Luego comprométase a practicar la rutina todos los días durante un mes.

Cómo «comer ranas» para aumentar la productividad

Cuando haya tenido tiempo para comenzar el día de la manera más favorable, llegará el momento de ser productivo. Mientras que el fin de la rutina de la mañana es disfrutar la experiencia tanto como sea posible, el de «comer ranas» es que usted abandone su zona de confort. Aprender a comer ranas es un excelente ejercicio para aumentar la productividad. La idea de comer ranas proviene de la pluma de Mark Twain. Él expresó: «Cómase una rana viva a primera hora de la mañana y nada peor le sucederá el resto del día». El escritor, motivador, orador y experto en productividad, Brian Tracy, amplió esta idea en su libro: *Eat That Frog!* [¡Cómete esa rana!].

El concepto es muy sencillo: comerse una rana es esa tarea más grande y más importante que debe hacer, pero que no desea hacer. Es lo opuesto a «las frutas que cuelgan a poca distancia», que son trabajos fáciles, de su agrado, pero de menor importancia.

Si logra comer ranas en la mañana, entonces tendrá fuerzas para hacer cualquier cosa en el resto del día. Cuanto antes se pueda comer la rana más grande y fea que tenga en su lista de tareas pendientes, mejor. Así evita la resistencia pospuesta del Lagarto y le confiere más poder de fuego a la auto-disciplina y al Mago. Las «tareas de ranas» a menudo parecen peores de lo que son porque les hacemos resistencia. Al cumplirlas, se siente bien y recibe poder en múltiples aspectos.

Cuando ya se haya comido la rana más grande y la esté digiriendo, con-tinúe con el resto de las tareas y será mucho más fácil. La mañana es el mejor momento para las ranas, pues estamos más concentrados y nuestra fuerza de voluntad es más fuerte. Así que, lo lógico es usar los recursos internos para comérnoslas. De esta forma puede disfrutar el resto del tiempo sin tener que preocuparse por alguna enorme rana gorda que aún no se ha comido.

¿Cómo puede desayunar ranas al amanecer?:

- Haga, la noche anterior, un listado de todas las tareas que desea completar.
- Determine cuáles tareas tienen más valor y aquellas en que vale la pena trabajar.
- Identifique las ranas (las tareas que considera importantes, pero que no desea hacer).
- Determine cuál es para usted la rana mayor, en la que deberá trabajar más.
- Planifique sus tareas para el día siguiente. Ordénelas de ma-yor a menor. De la rana más grande a los mangos bajitos.
- Al llegar la noche, repita el método y planifique el día siguiente.

Con esto damos fin al tema de las rutinas mañaneras y la priorización de tareas. Seguidamente abordamos la postura corporal y su enorme impor-tancia durante la mañana y para el resto del día.

Resumen

- Establecer una rutina matinal sólida es importante para domi-nar las mañanas.

- Una rutina mañanera es la forma más eficiente de gastar sus energías y desarrollar la autodisciplina.
- Lo primero que debe hacer al levantarse es su rutina matinal.
- Las rutinas deben adaptarse a las necesidades de cada individuo.
- Al principio, es más fácil establecer algunos hábitos.
- Es importante que disfrute su rutina mañanera.
- Instaurar múltiples hábitos a la vez los acumula. Esto crea conexiones neuronales más fuertes en el cerebro.
- Los pocos minutos que quizás pueda dedicar a cada actividad de su rutina matinal serán de suma importancia.
- «Cómase las ranas» o las tareas principales, en las primeras horas de la mañana; así tendrá energías para completar el resto de sus tareas diarias.

Capítulo 12
Adopte una posición amigable durante la mañana

■

«Una posición y una postura correctas reflejan un apropiado estado mental».

—MORIHEI UESHIBA

LA POSTURA ES la alineación o posicionamiento del cuerpo; nos afecta en lo físico, lo mental y lo emocional. La posición que adoptamos al levantarnos nos beneficia o no en cuanto a la salud, la energía y la felicidad. La pose que adoptamos influye significativamente en cómo fluye la sangre a través del cerebro y en la regulación de este flujo.

Los problemas modernos con la postura

Amy Cuddy, una psicóloga social de la Escuela de Negocios de Harvard, descubrió que la postura ejerce una poderosa influencia en la forma en que nos sentimos sobre nosotros mismos y en cómo los demás nos perciben. En su charla de TED, aborda los dos tipos diferentes de postura corporal: posturas poderosas y posturas débiles. Las primeras transmiten confianza y autoridad: la cabeza en alto, los brazos firmes o extendidos, y una actitud general de seguridad personal.[1] Un magnífico ejemplo es alguien de pie con los brazos y las piernas extendidos, como una estrella de mar, o cuando la persona levanta los brazos victoriosamente tras el logro de algún éxito. Por el contrario, una postura impotente transmite inseguridad y fatiga: los brazos cruzados y las extremidades curvadas hacia adentro del cuerpo, como alguien sentado solo y encorvado.

La doctora Cuddy, en un experimento, les pidió a los participantes que adoptaran posturas poderosas o débiles durante dos minutos. Después de eso se les hizo una entrevista de trabajo. Los resultados mostraron una conexión clara entre las posturas y el éxito de los participantes.[2] Los empleadores seleccionaron una y otra vez a quienes adoptaban posiciones poderosas. Es asombroso cómo cambiaron los niveles hormonales de los participantes: tras solo dos minutos, quienes asumieron posturas de poder, experimentaron un aumento en la testosterona y una disminución en el cortisol. Por su parte, los que asumieron poses débiles, sufrieron un proceso inverso.[3]

Los cambios en nuestra pose afectan la imagen que presentamos al mundo. Incorporar una postura poderosa en su rutina de la mañana puede ser un excelente comienzo para el día. Una postura erguida y dominante transmite una mayor autoestima y un mejor estado de ánimo.[4]

Algunos cambios sencillos no solo influirán en el estado anímico, la psicología y la confianza, sino que también en el cuerpo físico. Una buena posición distribuye con uniformidad el peso de su cuerpo a través de los músculos, articulaciones y ligamentos para que use energía de manera más eficiente. Esto desata una reacción en cadena que optimiza el funcionamiento de sus órganos vitales. En resumen: cuanto mejor sea su postura, más fácil será que la sangre y el oxígeno fluyan hacia donde es preciso en su cuerpo.[5]

Las malas posturas provocan que el peso de su cuerpo ejerza una presión antinatural sobre sus músculos, articulaciones y ligamentos. Eso, con el tiempo, puede causar problemas graves de salud en los sistemas digestivo y respiratorio. Cuando éramos bebés, nuestra postura era perfecta. Habitábamos la plenitud de nuestros cuerpos con gracia y total libertad de movimiento. Cuando crecimos, tuvimos que centrarnos en las exigencias de la vida. Poco a poco, ocupamos nuestro intelecto, pero descuidamos nuestros cuerpos físicos; perdimos el contacto anatómico.

Continuamente asumimos posturas para bien o para mal; a veces estamos de pie, sentados, acostados o en movimiento. Sin embargo, rara vez pensamos en ellas hasta que enfrentamos un problema de salud que exige una corrección postural. Por desgracia, muchos de nuestros hábitos de estilo de vida modernos no favorecen una buena postura. Por ejemplo, las sillas originan pésimas posturas, y las usamos a diario. Se estima que las tres cuartas partes de los empleos del mundo occidental se realizan sentados.[6,7] Un estudio hecho por la Universidad de Vanderbilt estimó que el estadounidense promedio pasa sentado 7,7 horas cada día.[8]

Existe un padecimiento único y nuevo de los estilos de vida del siglo xxi. Se llama la enfermedad del «estar sentado». Aunque el nombre suena bastante ridículo, la condición es grave y afecta a millones de personas con modos de vida sedentarios. Un estudio de la American Cancer Society corroboró que las mujeres que se sientan más de seis horas al día tienen un 94 % más de probabilidades de morir que sus homólogos que lo hacen menos de tres horas diarias. Lo mismo sucede con los hombres; aquellos que pasan sentados más de seis horas al día, tienen un 48 % de más propensión a la muerte que quienes son más activos. Si pasa mucho tiempo sentado, es muy importante que haga descansos regulares para levantarse y moverse. Lo ideal es cada media hora.[9]

Cómo mejorar la postura

«Lo más importante es la postura: cuando envejece, es la forma en que camina, la forma en que se para, lo que lo demuestra».

—*CARINE ROITFELD*

No todas las personas del planeta experimentan las dolencias del estilo de vida moderno, como la enfermedad del estar sentado. La bioquímica, Esther Gokhale, sufrió un terrible dolor de espalda cuando dio a luz a su primer hijo. Después de una cirugía fallida en su espalda, su sufrimiento la llevó a encontrar una solución. Esta acupunturista leyó sobre los hábitos posturales de los pueblos indígenas según los registros de los antropólogos. Visitó diversas culturas alrededor del mundo que no practican el estilo de vida moderno occidental. Descubrió que, aunque estas personas con frecuencia tenían estilos de vida muy exigentes en lo físico y participaban en actividades que producían bastante estrés en la columna vertebral, sus índices de problemas de espalda eran mucho más bajos que en Occidente. ¿El secreto? Es evidente: una buena postura.[10, 11, 12]

Lo primero que sorprendió a Esther fue la forma de sus espinas dorsales. Observó que la columna vertebral de los occidentales por lo general tiene la forma de una «S», mientras que las poblaciones sin dolor de espalda tienen una columna en forma de «J». En lenguaje técnico, la espina dorsal «J» comparada con la espina dorsal «S» tiene una curvatura lumbar más plana. En lenguaje sencillo, los segundos, sacan sus glúteos hacia afuera. Esto crea un surco suave en la columna vertebral y los hombros se sientan cómodamente. Ella le puso el nombre de «postura primitiva», y luego observó que todos los niños nacen con una espina en forma de J, algo que también se aprecia en las estatuas griegas clásicas. Nuestros antepasados asumían esta postura mucho antes de que los trabajos de oficina y la televisión nocturna fueran un pilar en los estilos de vida modernos.

El Método Gokhale, desarrollado por la investigadora, es una técnica sencilla y eficaz para mejorar la postura. Aquí mostramos algunos ejercicios sencillos del mismo:

1. Rotar los hombros

- Comience con un hombro. Levántelo suavemente hacia arriba. Rótelo hacia atrás hasta el tope. Deje que caiga y relájese.
- Haga lo mismo con el otro.
- Repita este ejercicio para llevar los brazos y los hombros hacia atrás, su posición original.
- Los omóplatos deben sobresalir de la espalda.
- El movimiento de los hombros mejora la circulación sanguínea y la respiración, reduce el riesgo de lesiones por esfuerzo repetitivo y le da más confianza en cuanto a su apariencia y en cómo se siente con respecto a usted mismo.

2. Alinear la cabeza y los hombros

- Los oídos encima de los hombros.
- El cuello inclinado suavemente hacia atrás.
- La coronilla de la cabeza va levantada y es el punto más alto del cuerpo; la barbilla, relajada.

3. Alargar la columna vertebral

- Ya sea sentado o de pie, respire profundamente y, sin curvar la espalda, estírese lo más alto que pueda.
- Mantenga esa postura mientras exhala profundamente.
- Practicar este ejercicio alarga su columna vertebral de manera segura y cómoda, y desarrolla sus músculos abdominales.

4. Apretar los glúteos

- Al caminar, apriete los glúteos a cada paso.
- Esto no solo apoya su espalda baja, sino que también mantiene sus glúteos bien ejercitados.

5. La cola va detrás de usted

- Imagine que la base de su columna se extiende en una cola.
- Visualice su cola detrás de usted, como un mono, y muévala físicamente en la misma dirección.
- Pruebe estos ejercicios sencillos para mejorar su postura, maximizar la distribución de energía en su cuerpo y obtener una correcta posición física y mental para comenzar sus mañanas.

LOS CONSEJOS DEL MAGO

- La postura produce grandes efectos en nosotros física, mental y emocionalmente.
- Se ha demostrado que adoptar una postura poderosa aumenta la confianza y la testosterona, y reduce el estrés y el cortisol.[13]
- Se ha confirmado que tomar una postura débil reduce la confianza y la testosterona y aumenta el cortisol.
- Nuestra postura puede tener un impacto enorme en nuestro éxito en el mundo circundante, como en las entrevistas de trabajo.
- Una buena postura crea un flujo eficiente de sangre y oxígeno y ayuda a la función de los órganos vitales.
- La mala postura puede provocar un deterioro de los sistemas digestivo y respiratorio.
- En general, las sillas afectan negativamente la postura, y pasar muchas horas sentado puede reducir la esperanza de vida.
- Cuando se siente por períodos prolongados, es importante que se levante y se mueva para evitar los efectos de la inactividad.
- Cuando se trata de la columna vertebral, la curva en forma de «J» es mejor que la curva en forma de «S».

- Algunos ejercicios sencillos para implementar una mejor postura son rotar los hombros, alinear la cabeza y los hombros, alargar la columna vertebral y apretar los glúteos.

PARTE III

OPORTUNIDADES PARA EL RESTO DEL DÍA

OPORTUNIDADES PARA EL RESTO DEL DÍA

Capítulo 13
El ejercicio es una buena medicina

■

«Deje toda la tarde para el ejercicio y la recreación, que son tan necesarios como la lectura. Preferiría decir, más necesarios, porque la salud vale más que la erudición».

—THOMAS JEFFERSON

RESULTA DE MUCHA ayuda para su cerebro y su salud corporal que inicie su día con algo de esfuerzo físico. La falta de tiempo es uno de los obstáculos para que las personas tengan una mejor salud. Por eso es vital que hagamos el tiempo, y las mañanas constituyen una excelente oportunidad.

Veamos de nuevo algunos temas relacionados con el ejercicio los cuales ya abordamos con anterioridad:

- En el capítulo 1 observamos cómo los ritmos circadianos afectan nuestra capacidad de ejercicio y sugerimos que, de acuerdo con los niveles hormonales, los mejores momentos para ejercitarnos son la tarde y la noche.
- En el capítulo 6 explicamos que, cuando usted despierta por la mañana, su corazón hace un gran esfuerzo. Después de siete horas de descanso, necesita latir a toda máquina para enviar sangre al cuerpo y que, de esta forma, usted pueda levantarse y moverse. Además, las funciones del corazón cambian durante el día bajo la influencia de los ritmos circadianos. Por ejemplo, los ataques cardiacos son un 40 % más comunes al amanecer que a cualquier otra hora. Esto se debe a que la presión arterial es más alta, según los ritmos circadianos, y a que cuando despertamos la respuesta del cortisol está activa, lo que puede causar estrés en el corazón.

Ahora veremos algunos de los beneficios de ejercitarnos durante la mañana. Sin embargo, es de extrema importancia que sopese los riesgos y beneficios para que usted determine el mejor horario para incorporar la actividad física a su rutina diaria.

Los beneficios del ejercicio matutino

1. **Es una rana.** Anteriormente vimos la técnica de Brian Tracy de «comernos las ranas» al principio, que son aquellas tareas diarias más importantes que demandan mucha energía. El ejercicio en las mañanas produce un gran sentido de logro que lo estimula para el completamiento de todos sus demás quehaceres diarios.
2. **Más energía a lo largo de la jornada.** Un comienzo energizante influye en su trabajo y en todas las demás responsabilidades del día. Aumenta la productividad y las capacidades para enfrentar los problemas.
3. **Mejora el estado de ánimo.** No hay nada mejor que el impulso de los neurotransmisores «positivos» para comenzar el día con el pie derecho. Los ejercicios en la mañana pueden aumentar la productividad y la claridad mental, aunque existen otras formas de lograr estos beneficios que no requieren una actividad física intensa a estas horas del día.
4. **Le hace sentir en control de su vida.** Es maravilloso levantarse y hacer algo que beneficie su salud física, mental y emocional. Yo troto cuatro días a la semana, en contacto con la naturaleza y mientras sale el sol. Lo hago después de treinta minutos de meditación y respiración. Es una experiencia gratificante, se la recomiendo a todos una y otra vez. Se ha demostrado que las personas que hacen ejercicio por la mañana son más constantes en su rutina que aquellas que tratan de «incorporarlas» en algún momento del día. Seguramente ya sabe, por el tema de los ritmos circadianos, que el cuerpo humano está programado para la rutina, pero el cerebro del Lagarto con frecuencia intentará convencernos de que es demasiado temprano para ejercitarnos y que debemos posponer la actividad.

Examinemos algunos ejercicios sencillos para crear hábitos empoderadores. No se preocupe si es algo nuevo para usted. El propósito del libro no es que usted luzca como el modelo de una revista de ejercicios; lo que queremos es que se ejercite más y se sienta mejor. Otro objetivo básico es desarrollar el hábito de hacer ejercicios con regularidad, sin importar la hora específica de su elección. Incorporar una rutina de ejercicios a su listado de tareas será un gran logro en lo personal. Cuando se trata del dominio de las mañanas, los números de la balanza son secundarios, lo más importante es cómo se siente consigo mismo.

Un estudio de seis meses realizado por el doctor Timothy S. Church y sus colegas evaluó la salud aeróbica de 464 mujeres menopáusicas sedentarias, con sobrepeso u obesas.[1] Un grupo caminó cuatro kilómetros por una hora y media o solo una hora; lo hicieron durante unos setenta y dos minutos a la semana (que equivale a diez minutos diarios, todos los días durante una semana). Sus esfuerzos se vieron recompensados: sus corazones y sus cuerpos se volvieron más saludables. Otro estudio realizado por el doctor Duck-chul Lee y sus colegas de la Universidad de Iowa investigó la salud de 55 000 personas entre las edades de dieciocho y cien años durante un periodo de quince años.[2] Los investigadores compararon a las personas que corrían entre cincuenta y 120 veinte minutos tres veces por semana, con quienes no lo hacían nunca. Descubrieron que quienes trotaban tenían un 45 % menos de probabilidades de morir debido a enfermedades cardiovasculares y un 30 % menos de fallecer por otras causas. Esto equivale a entre dieciséis y cuarenta minutos de ejercicio, tres veces a la semana, una cantidad ínfima de tiempo si se considera la vida extra y la vitalidad que ofrece.

La inmovilidad se asocia a la muerte y el movimiento a la vida. Estamos físicamente diseñados para movernos. Usted se sentirá satisfecho cuando salga de su zona de confort y se ejercite, a pesar de las protestas del Lagarto. El ejercicio libera endorfinas, neurotransmisores que produce el hipotálamo y que crean sentimientos de bienestar. Esto es de gran ayuda para despertar feliz. (Las endorfinas se consideran la recompensa en el ciclo del hábito del ejercicio).

El principal obstáculo, que debemos superar con entrenamiento, no es físico porque nuestro Lagarto es una barrera mental. La mente, o más bien los hábitos mentales relacionados con el ejercicio, nos ayudan a (o nos impiden) tener una mejor salud y mañanas más alegres.

Vencer la resistencia del Lagarto al ejercicio

Espero que a estas alturas ya usted sepa lo que voy a decir: ejercitarse es salir de su zona de confort y el Lagarto no quiere hacerlo. El ejercicio no debe sonarle a obligación. No debe ser una más en su lista de tareas pendientes; debe disfrutarlo. Lo practicará si en realidad lo aprecia. Puede ser difícil al principio, y seguro que encontrará resistencia.[3] Así que le enseñaremos algunos trucos sutiles para rebasar la aversión inicial del Lagarto. Así lo hará de la forma más relajada y agradable posible:

1. **Sea organizado.** El día antes de hacer ejercicio prepare su indumentaria, agua, lápiz y papel (o reloj inteligente) para anotar los progresos. Póngalos en un lugar bien accesible para que comience de inmediato, sin la distracción de buscarlos cuando los necesite.

2. **Acepte los elogios.** Busque retroalimentación positiva y aliento de su familia y amigos. No se sienta avergonzado de pedirlos. Una forma contundente de proseguir el camino del autodesarrollo es lograr que otros reconozcan nuestros logros. De seguro sus amistades lo elogiarán cuando publique sus resultados en las redes sociales; es posible, incluso, que alguien muestre interés en unírsele. Recuerde: todos tenemos un Lagarto. Alabarse a usted mismo es mejor aún; no solo lo mantiene enfocado en los ejercicios, sino que también aumenta la autoestima. Lleve un diario de sus éxitos. Felicítese por su ardua labor.

3. **Visualice su éxito.** La imagen mental que usted posee de sí mismo a partir de experiencias pasadas es inútil y debilitante a la hora de realizar cambios. No permita que el pasado lo frene. El primer paso para cambiar empieza en su mente. Cree un nuevo yo ahora mismo a través de la visualización; ya abordamos con anterioridad que es una técnica poderosa para desarrollar cambios internos. Muchos atletas la usan para lograr sus objetivos y avanzar mucho más allá del mero entrenamiento. El concepto es sencillo: usted se imagina haciendo ejercicios y alcanzando su meta. Al hacerlo ensaya la actividad y construye conexiones neuronales importantes antes de comenzar. Esto, a la vez, crea respuestas medibles en el sistema nervioso, la frecuencia cardíaca y la respiración.

Visualizar es como construir una carretera de circunvalación para evitar la hora de tránsito intenso por la mañana en el centro de la ciudad. En este contexto, el «centro de la ciudad» es una metáfora de los múltiples obstáculos en la planificación exitosa de su ejercicio. Un estudio realizado por el University of Lyon's Centre of Research and Innovation in Sport [Centro de Investigación e Innovación en el Deporte de la Universidad de Lyon], en Francia, halló que los atletas pueden mejorar sus ganancias durante un entrenamiento si primero se visualizan realizando los ejercicios. *L'esprit de l'escalier* [El ingenio de la escalera]. (Lo cual abordaremos más adelante).[4, 5]

Las mejores formas de maximizar su ejercicio de visualización incluyen:

- Tener un objetivo concreto en mente. Necesita alcanzar un resultado específico y medible, por ejemplo, perder diez libras o incorporar, poco a poco, treinta minutos de actividad física de tres a cinco veces por semana. Tome nota detallada de la meta.
- Encontrar un espacio donde no le interrumpan durante cinco minutos.
- Acostarse en un lugar confortable o sentarse cómodo en una silla con la espalda recta. Es posible que desee relajarse con una música de fondo; cierre los ojos y respire profundo, largo y con lentitud entre cinco o seis veces. Para un máximo beneficio debe tener limpia su mente.
- Comenzar a imaginar cómo se sentirá cuando logre su meta. Una manera efectiva de hacerlo es poner todos los sentidos en el proceso.
- Visualizar su nuevo cuerpo sano y tomar una foto mental.
- Oír las felicitaciones de sus seres queridos.
- Imaginar cómo se sentirá cuando toque su propio cuerpo más delgado y liviano y cuán bien estará al concluir el proceso.
- Probar el alivio satisfactorio del agua toda vez finalizada su rutina. ¡Y oler ese sudor que ganó con tanto esfuerzo!
- Agregar más detalles a su visualización le reportará más beneficios.
- Combinar movimientos y colores vivos a la visualización la hará aún más efectiva. Por ejemplo, véase a sí mismo saltando y celebrando su victoria con una camiseta de colores brillantes.
- Mantener esta clase de escena en mente por espacio de treinta a cuarenta y cinco segundos, o mientras pueda estar enfocado.
- Perder el enfoque no es malo, solo regrese a su visualización. Por eso es bueno escribirla con lujo de detalles, porque puede retomarla si se distrae.
- Repetir este ejercicio de visualización de cinco minutos todas las mañanas durante al menos siete días.
- Incorporar las visualizaciones aun en los descansos entre ejercicios; produce ganancias adicionales.

4. **Haga ejercicios con un amigo.** Entrenar con un amigo o miembro de la familia le da ese impulso adicional que quizás no logra por sí mismo.

Un estudio hecho por la Universidad de Michigan encontró que la motivación para realizar ejercicios aumentaba cuando los individuos los hacían en grupo.[6] Entrenar con otra persona también es motivante para esa otra persona. A muchos individuos les resulta más fácil ir a entrenar si saben que un amigo depende de ellos para hacerlo; también agrega un elemento divertido y la competencia amistosa puede llevarlo más allá de sus límites personales. Solo tiene que encontrar quien esté dispuesto a levantarse lo suficientemente temprano para hacer ejercicio con usted o decidir la hora del día que sea mejor para ambos.

Ejercicios para revitalizar sus mañanas

Usted estableció sus limitaciones en la actividad física, ¿no es así?, pero del mismo modo puede eliminarlas. El ejercicio no tiene por qué ser difícil. Le mostramos algunas actividades sencillas que puede incluir en su rutina mañanera.

El ejercicio cardiovascular, también conocido como ejercicio aeróbico, es toda forma de actividad física que aumenta el ritmo cardíaco.[7, 8, 9] Algunos de sus beneficios son:

 REDUCE EL RIESGO DE ENFERMEDADES DEL CORAZÓN
- Fortalece el corazón
- Fortalece el sistema inmunológico
- Mejora el flujo de oxígeno a los músculos
- Mejora la salud mental

Caminar al aire libre es el ejercicio perfecto para el principiante y, además, ofrece excelentes beneficios para quienes realizan entrenamiento físico. A su vez, controla los riesgos asociados con el agotamiento excesivo y disminuye las posibilidades de afecciones cardiacas. Es gratis y se puede hacer casi en cualquier lugar y momento. Caminar a cielo descubierto en parques recreativos o en la naturaleza le ofrece la vitalidad del aire fresco.[10] Aquí hay algunas recomendaciones para cuando se ponga en marcha:

- Use ropa cómoda y holgada que le permita a su cuerpo respirar.
- Asegúrese de llevar calzado adecuado, como zapatillas deportivas, sandalias o zapatos de senderismo.

- Manténgase hidratado; lleve una botella de agua consigo.
- Puede comprar un podómetro para contabilizar la cantidad de pasos. La International Journal of Behavioral Nutrition and Physical Activity [Revista internacional de nutrición conductista y actividad física][11] demostró en un estudio que quienes caminan con podómetros se motivan a hacerlo más que los que caminan por determinada cantidad de tiempo. Cuando tenemos una marca específica, entonces trataremos de superarla en nuestra próxima caminata y así medimos nuestros progresos. [12, 13, 14]
- Use un reloj para que pueda cronometrarse.
- Registre su progreso en un libro de ejercicios (o en su dispositivo inteligente) cuando complete cada entrenamiento.
- Haga un calentamiento antes y después del evento principal porque es importante para preparar
- su cuerpo y evitar lesiones. Camine a un ritmo lento y suave, entre cuatro y seis minutos, antes del ejercicio y cinco minutos al final.
- Trate de caminar de tres a cuatro veces por semana. Alterne un día de ejercicios con uno de descanso.
- Al hacer la actividad física como tal, aumente poco a poco la intensidad de los ejercicios. Se trata de llegar a un nivel en que su respiración es más pesada, pero no se queda sin aliento.

Aumentar la dificultad del ejercicio en el mejor horario para su corazón, cerebro y rendimiento humano:

- Suba alturas o escalones para obtener fuerza adicional.
- Camine más rápido. Al hacerlo, entrena de manera más profunda los músculos motores. Mueva sus brazos rítmicamente hacia adelante y hacia atrás para lograr más impulso.
- Camine con un peso extra. Agregar correas de peso en las muñecas o tobillos es una excelente manera de aumentar la intensidad del entrenamiento. Otra forma es llenar una mochila con libros o, ¡con cebollas!, como lo hacía un amigo mío para regular el peso. Asegúrese de estar cómodo al hacerlo. No es recomendable caminar si se entrena con pesas.

Trote ligero a moderado: ¡Es como caminar, pero más rápido! Aquí hay algunos ejemplos para comenzar:

- Consiga un buen par de zapatillas de carrera. Puede correr con zapatillas deportivas comunes, pero las de carrera están diseñadas para esta actividad en específico. Elija un par que le queden ajustadas y cómodas. ¡Recuerde amarrarse los cordones!
- Escuche música mientras corre, pues resulta una excelente manera de esforzarse y disfrutar más del ejercicio (tenga cuidado si lo hace cerca de carreteras).
- Recuerde registrar su progreso.
- Para aumentar la dificultad de este ejercicio:
  - ◆ Corra por alturas o escalones para hacerlo más difícil.
  - ◆ Realice rachas breves de velocidad lo más rápido que pueda entre períodos más prolongados de trote ligero.

Otros ejercicios aeróbicos agradables:

- Ciclismo
- Natación[15]
- Crossfit
- Baile de Zumba

Ejercicios de fuerza: Clasificados como anaeróbicos. Son los que desarrollan la fuerza y la resistencia; resultan más exigentes que los aeróbicos. En los últimos, los músculos se ejercitan durante breves e intensos estallidos de actividad. Algunos de sus muchos beneficios son:

- Mejora la función del corazón
- Aumenta la fuerza muscular, ósea y ligamentos
- Mayor resistencia
- Mejora el equilibrio y la coordinación
- Reduce el riesgo de lesiones

Los ejercicios de peso corporal constituyen una forma maravillosa de ejercitarse y son gratis. Puede hacerlos cómodamente en su hogar al levantarse por la mañana. No tiene que preocuparse por ir al gimnasio. Solo necesita el peso de su cuerpo para mejorar su salud con este práctico enfoque,

que fortalece la fuerza y es una forma hermosa y divertida de ponerse en contacto con su cuerpo.

Le brindamos algunos consejos para comenzar:

- Desarrolle una rutina propia.
- Busque las actividades que disfruta e incorpórelas a su horario diario. Haga tiempo para su rutina de ejercicios mañaneros.
- Prepare sus cosas el día anterior: ropa, agua, libro de registro y cualquier artículo que necesite para su entrenamiento. Cuando se levante a la mañana siguiente, ya hizo la mitad del esfuerzo.
- Anote sus progresos. Es importante que los observe. Quizás hoy solo puede hacer algunas repeticiones de un ejercicio, pero se sorprenderá cuando revise sus anotaciones de aquí a una semana. Verá cuán satisfecho y alegre se siente al comprobar sus avances.
- Disponga de un espacio para los ejercicios. Poseer una habitación dentro de su casa o un garaje para ejercitarse es mejor, porque crea una clara asociación mental hacia la actividad al entrar en dichos espacios. Además, es motivante. Cuando entra sabe que no se irá hasta que haya terminado.

LOS CONSEJOS DEL MAGO

- Comenzar el día con actividad física ligera es una excelente manera de energizarse y motivarse.
- Caminar unos setenta y cinco minutos a la semana mejora el estado físico general y la salud del corazón.
- Se ha demostrado que trotar durante solo quince o cuarenta minutos tres veces por semana reduce el riesgo de mortalidad en un 30 % y el riesgo de afecciones cardiovasculares en un 45 %, en comparación con las personas que no hacen caminatas.
- Nuestros cuerpos están hechos para moverse. El cerebro libera neurotransmisores para sentirse bien cuando hacemos ejercicios.
- El Lagarto se resiste a la actividad física; debemos entrenarlo. Hay algunos trucos que podemos usar, como: ser organizados,

aceptar los elogios por nuestros esfuerzos, visualizar y entrenar con un amigo.

- Los ejercicios generalmente se dividen en aeróbicos y anaeróbicos.
- Experimente con diversas actividades para encontrar cuáles benefician sus mañanas.
- La práctica mental tiene un efecto alentador y sustancial en el rendimiento físico y cognitivo. Eso es motivante y sorprendente.
- Ajuste su tiempo de ejercicio para apoyar su corazón, su desempeño humano y los conflictos de programación para mejorar el sueño, el metabolismo y la longevidad.

Capítulo 14
Lo que usted come sí importa

■

«La comida es un componente necesario para la vida. La gente puede vivir sin Renoir, Mozart, Gaudí, Beckett, pero no puede vivir sin comida».

—GRANT ACHATZ

LOS ALIMENTOS QUE consume impactan su funcionamiento diario. Esto incluye la motivación o la apatía para hacer ejercicios y otras tareas exigentes en lo físico y lo mental. La actividad física, por sí sola, no lo hará perder peso. Debe comer para sustentar su increíble cuerpo y cerebro. De acuerdo con un estudio reciente de la Universidad de Harvard, existen pocas probabilidades de perder peso a largo plazo únicamente por medio de la actividad física. Para mantener un peso estable se requieren cambios en el estilo de vida.[1]

Algunos estudios han demostrado una asociación entre desayunar y tener un cuerpo sano.[2, 3] Otros han puesto en evidencia la relación entre un peso saludable y la disminución del riesgo de diabetes, apoplejía y enfermedades cardíacas.[4, 5] El alimento *correcto* es el combustible necesario para fortalecer su cuerpo y su mente. ¿Le echaría gasolina sin plomo a un automóvil de motor diésel? ¡No!, jamás lo haría. Usted sabe que este tipo de motor necesita que el diésel funcione correctamente. Además, podría dañarlo. La misma regla se aplica al cuerpo; pues funciona con los alimentos que usted le suministra.

Entonces, si usted consume alimentos de poca calidad, que carecen de los nutrientes que su cuerpo necesita para funcionar, su organismo y su cerebro no lo harán de forma adecuada. Sí, le darán energías por un tiempo, pero al no poseer la nutrición que su cuerpo requiere, aumentarán los riesgos de lesiones, fatiga, interferencias en la función hormonal y enfermedades. Por ejemplo, el déficit de calcio y de vitamina D conlleva a un mayor riesgo de sufrir osteoporosis y la baja ingesta de antioxidantes provoca la aparición de determinados cánceres.

Nuestros cuerpos dependen de más de cincuenta nutrientes diversos que obtenemos a través de reacciones químicas. Se adquieren de los carbohidratos, las grasas y las proteínas. La mayoría de las personas consumen los carbohidratos necesarios o un exceso de los mismos. Sin embargo, también necesitamos aportes nutritivos imprescindibles de las vitaminas, los minerales y las grasas esenciales que la mayoría de las personas no tenemos por naturaleza.

Alimentar al Mago, evadir al Lagarto

Mito o realidad: algunas personas no desayunan y les resulta beneficioso. Mi abuela de ochenta y cinco años, por ejemplo, siempre come poco por la mañana. Para ella, algo de avena con un vaso pequeño de leche tibia, es suficiente. Por eso, siempre ha mantenido un peso corporal saludable y casi nunca se ha enfermado. Resulta sorprendente cómo su ingesta nutricional ha preservado su función cognitiva y su memoria a largo plazo.

Sin embargo, este no es el caso para todas las personas. Durante años, los científicos creyeron que el desayuno era la comida más importante del día y que si lo saltábamos entonces debíamos compensarlo ingiriendo más calorías en algún horario posterior. El resultado era un aumento de peso mayor que al mantener el desayuno. Sin embargo, estudios recientes han desafiado esta teoría. Un estudio hecho por la Division of Nutritional Sciences at Cornell University [Departamento de Ciencias Nutricionales de la Universidad Cornell] encontró que algunos adultos que no desayunan terminan con un déficit de calorías que provoca una pérdida de peso.[6]

Otro estudio llevado a cabo por el New York Obesity Nutrition Research Center [Centro de investigaciones sobre nutrición en la obesidad en Nueva York] precisó que los sujetos con prueba de sobrepeso perdían libras cuando se saltaban el desayuno.[7] Se realizó un estudio de dieciséis semanas en adultos con sobrepeso y obesidad divididos en dos grupos: uno desayunaba y el otro no. Los investigadores identificaron que no hubo diferencias en la pérdida de peso entre ambos grupos. Aunque estos estudios se usan con frecuencia para justificar el «ayuno» enfocado en el control de la ingesta de calorías, existen mejores maneras de perder peso a corto plazo.

Si usted cena entre las 7:00 y las 9:00 p. m., no desayuna y come a las 12:00 del mediodía, se pasa más de quince horas sin comer. ¡Su familia y sus amigos verán al Lagarto manifestarse en usted hasta el mediodía! Hay una tesis que sugiere que aumentar lentamente sus enzimas digestivas lo hacen sentirse satisfecho hasta que coma de nuevo. Este proceso gradual de consumo de alimentos puede preparar al sistema digestivo para comidas más complejas a la hora del almuerzo.

Al seleccionar el desayuno que más le conviene, recuerde que usted es único. Debe encontrar lo que funciona para usted. Lo que sigue son directrices, no son reglas a seguir. Si hace una dieta estricta pero forzada, lo único que conseguirá es la resistencia y la rebeldía de su Lagarto. Algunas personas que hacen dieta y pierden peso, en muchas ocasiones, vuelven a engordar.

No es recomendable que restrinja o altere por completo su dieta actual; vea esto como un cambio de estilo de vida, no como una dieta. Es muy importante que disfrute de los alimentos que ingiere. Pasos pequeños, pero placenteros, son más seguros que las transformaciones radicales que lo hacen sentir oprimido. Si usted disfruta la comida, es más probable que se alimente de manera saludable. Además, cada persona es única y los alimentos que son mejores para usted son exclusivos de su constitución, metabolismo y otros factores del estilo de vida.

- Mantenga un horario regular. Esto ayuda al reloj del cuerpo a establecer el tiempo para liberar enzimas y reducir el impacto del azúcar en la sangre, en el estado de ánimo y las emociones.
- Coma vegetales frondosos de color verde oscuro y tubérculos, como el brócoli, la col, las zanahorias, las judías verdes, la col rizada, la lechuga, la espinaca, el boniato, la acelga, los guisantes, los pimientos y el berro.
- Siempre trate de comprar productos orgánicos y locales. Limite su consumo de bebidas y alimentos azucarados como pasteles, repostería, dulces, refrescos, etc. Lo ideal es renunciar por completo al azúcar.
- Coma más frijoles, lentejas y granos enteros como el trigo sarraceno, el mijo, la quinua, el arroz y el centeno, todas excelentes fuentes de proteínas.
- Reduzca el consumo de carbohidratos refinados como galletas, pan, pasteles y pasta (lo ideal es no consumirlos).
- Coma más frutas frescas. ¡Es delicioso y saludable!
- Beber jugos frescos también es una excelente manera de rehidratar su cuerpo y mantener el bienestar general.
- Evite los alimentos procesados o con aditivos químicos y sabores artificiales.

- Manténgase hidratado con agua. La ingestión segura de agua puede ser una forma saludable de reducir el consumo de calorías innecesarias.
- Comer lentamente es recomendable para aquellos que desean perder peso (es, en general, una mejor práctica).
- Reduzca el consumo de alcohol (o erradíquelo por completo): es más fácil decirlo que hacerlo, y no es el tema de este libro.

Comer de acuerdo al tipo de cuerpo

En la cultura de las Indias Orientales, las manzanas guisadas y los dátiles se sirven con avena caliente. Se agregan especias como pimienta negra, sal, cardamomo, cayena, canela, cúrcuma y pimienta de Jamaica. Generalmente se usan para aumentar el metabolismo. Además, algo de especia en su harina de avena, con seguridad mejora su sabor.

En la India, las teorías van más allá y sugieren que la selección de especias debe basarse en su constitución y tipo de cuerpo únicos. Para las personas que se mueven con lentitud y tienen forma de «pera», la tradición sugiere el uso de la pimienta de cayena y la pimienta negra para comenzar la mañana. En el caso de aquellos que se mueven con rapidez y que son «delgados», la cocina india tradicional recomienda agregar cardamomo y cúrcuma a las comidas; se cree que estas especias ayudan a las personas hiperactivas a establecer un equilibrio en su estilo de vida y su dieta. Tanto Oriente como Occidente recomiendan dietas que incluyen: comer despacio y disfrutar del delicioso aroma de la comida. El desayuno es, en medio de nuestra vida acelerada, la única oportunidad de deleitarse con cada bocado y comenzar el día de la mejor manera.

Alimente su cerebro

También es importante que cuide su salud mental con los alimentos que consume. La disposición y el deseo de levantarse por la mañana comienzan en la mente. Para funcionar, su cerebro necesita un 20 % del oxígeno y los nutrientes que usted consume. Aclare lo más posible su mente en la mañana por medio de alimentos saludables y sabrosos que brinden energía y concentración.

Los siguientes alimentos son magníficos para desarrollar una mentalidad motivada:

- Alimentos ricos en omega 3: semillas de chía, semillas de lino y nueces. La omega 3 es excelente para mejorar la concentración y la motivación debido a su impacto en las capacidades de pensamiento y de procesamiento del cerebro.
- Alimentos ricos en antioxidantes: las manzanas, las moras, los arándanos azules, los arándanos rojos, el chocolate negro (la barra sin azúcar), las frambuesas, las ciruelas, las ciruelas pasas, los tomates; las verduras, como la col, la coliflor y el brócoli pueden aumentar el suministro de oxígeno al cerebro y ayudarlo para que sea inteligente y saludable.
- Alimentos ricos en tirosina, un aminoácido que el cuerpo sintetiza en dopamina. Es el producto químico del bienestar asociado con el placer, el aumento de la energía y la concentración. Las almendras, las manzanas, los guineos, los arándanos, los huevos, el maní, la remolacha, las semillas de sésamo, la espirulina, las semillas de calabaza y la sandía son excelentes para aumentar su motivación y la producción de dopamina en su organismo.
- Elegir los alimentos correctos para alimentar su cerebro aumentará la concentración, el enfoque y la motivación. El cambio no tiene que ser inmediato. Pruebe a hacerlo con uno o dos de los alimentos mencionados, puede ser muy beneficioso con el tiempo.

Salud intestinal

Hipócrates, el padre de la medicina occidental moderna, expresó: «Todas las enfermedades comienzan en el intestino». La medicina de hoy está de acuerdo con él. El sistema digestivo es extraordinario e intrincado y desempeña un papel clave en nuestra salud. Dentro del intestino existe un delicado equilibrio con el ecosistema intestinal de bacterias en el colon que son vitales para nuestra supervivencia. En pocas palabras: hay bacterias «buenas» y bacterias «malas», y alimentamos a unas u otras según lo que comemos.[8]

Las bacterias malas se nutren de azúcar y de comida chatarra. Mientras más alimentos procesados que contengan azúcar usted ingiera, más fuertes serán estas bacterias en el estómago. Ello dificulta la absorción de nutrientes de los alimentos saludables porque las bacterias malas anulan a las buenas. Los desequilibrios bacterianos pueden causar problemas respiratorios, inflamación y se han relacionado con la obesidad y la diabetes.

Tim Spector, profesor de epidemiología genética en el King's College de Londres, experimentó con su hijo para ver los efectos de comer comida chatarra todos los días. Halló que después de diez días de comer McDonald's, el 40 % de las diversas especies de bacterias estomacales habían desaparecido y en su lugar pululaban las bacterias malas como consecuencia de la comida chatarra.[9, 10, 11]

Cómo mejorar la salud del intestino

- **Coma alimentos que benefician a las bacterias buenas:** La forma más fácil de restaurarlas en el intestino es comer una dieta rica en vegetales. Esto repondrá rápidamente las bacterias buenas que perdió debido a las malas elecciones alimenticias.
- **Consuma alimentos fermentados:** Porque son los que más alimentan a las bacterias buenas. Pruebe a encurtir coles, pepinos, cebollas, zanahorias y otros vegetales que disfrute.
- **Elimine el azúcar:** Hay tantas alternativas deliciosas y satisfactorias que, en realidad, no es necesario incluir esta neurotoxina en nuestras dietas. Es muy adictiva, así que tenga cuidado porque se deshará de una droga.
- **Reduzca o elimine el consumo de café:** Tomarlo todas las mañanas reduce el ácido estomacal necesario para descomponer los alimentos, lo que puede convertirse en un problema complejo para las bacterias estomacales. Los alimentos que no pueden ser digeridos adecuadamente pueden podrirse y ser tóxicos en el intestino, lo que ocasiona más complicaciones de salud.
- **Evite los antibióticos:** Por su propia naturaleza, son perjudiciales para nuestras bacterias intestinales. Por desgracia, algunos alimentos y suministros de agua están contaminados con antibióticos. Si elige consumir carne, consuma la de animales

criados orgánicamente y productos animales, ya que las regulaciones que rigen estas normas prohíben el uso de antibióticos.

LOS CONSEJOS DEL MAGO

- La comida con la que comienza el día tiene un gran efecto en su estado físico, mental y emocional.
- No todos necesitan desayunar, pero aquellos que lo hacen deben tomar un desayuno pequeño y saludable.
- Los requisitos alimenticios de cada persona son únicos.
- Existen algunas pautas generales para comer de manera sana.
- Ciertos alimentos sirven para mejorar la concentración y la claridad mental.
- Nuestro intestino es una parte importante de nuestra salud.
- Hay dos grupos de bacterias en nuestro intestino: «buenas» y «malas».
- La calidad de lo que comemos alimenta a uno u otro tipo de bacterias.
- Cuanto más nos alimentamos con uno de los tipos de bacterias, más difícil es que el otro tipo crezca en el estómago.
- Para apoyar a las bacterias «buenas», podemos comer una dieta rica en verduras y alimentos fermentados, reducir el azúcar, el café y evitar los antibióticos.

Capítulo 15
¿Por qué necesitamos dormir?

■

«Mi filosofía desde el primer día es que puedo dormir mejor por la noche si puedo mejorar el conocimiento de un individuo sobre la comida y el vino, y hacerlo a diario».

—EMERIL LAGASSE

PARA MUCHOS DE nosotros, el sueño no necesita pedir permiso. Si hay algo que todos sabemos hacer muy bien es dormir. La esperanza de vida en Estados Unidos es de unos setenta y ocho años, lo que significa que las personas pasan unos veintiséis años durmiendo. ¡Esto equivale a la tercera parte de sus vidas! Dormir es un proceso importante que nuestros cuerpos y mentes necesitan para funcionar de modo correcto. Sin embargo, ¿por qué necesitamos hacerlo?

Existen muchas teorías, pero la verdad es que los científicos aún no se han puesto de acuerdo. Para ser honestos, ellos en realidad no lo saben. Una hipótesis sostiene que necesitamos dormir para que el cuerpo pase por una serie de procesos de restauración. Por ejemplo, limpiar los desechos tóxicos de nuestro sistema nervioso, acción que es más eficiente cuando el cerebro está dormido.

Otra afirma que el sueño le permite al cerebro procesar la información y los sucesos del día. Muchas veces es más fácil tomar decisiones importantes, que contienen muchos detalles, después de una buena noche de sueño. El cerebro ha organizado la información del día anterior. Durante el sueño, prioriza las conexiones neuronales que construyó desde la mañana hasta el momento de irnos a dormir, al desarrollar algunos caminos y «podar» otros que son menos importantes. Quizás dormimos por diversas razones.

Sabemos que es un proceso vital. Si no le damos el tiempo suficiente, nos ponemos irritables, gruñones y se afecta nuestra capacidad para concentrarnos y para funcionar. Se piensa que durante el sueño de movimientos oculares rápidos (MOR), que representa el 25 % del sueño en adultos sanos, ocurre el procesamiento de la memoria emocional que sirve para dar mantenimiento a los trastornos del estado de ánimo. La falta de sueño puede ocasionar la muerte, es responsable de accidentes de tránsito, está relacionada con una mayor presión sanguínea y con la obesidad.[1] En el 2005 la Fundación Nacional del Sueño (NSF, por sus siglas en inglés), realizó una encuesta llamada «Sleep in America» [El sueño en Estados Unidos] a 168 millones de ciudadanos estadounidenses. El 37 % de la población admitió que se habían quedado dormidos mientras conducían. La NSF concluyó que los jóvenes, especialmente los hombres, son los más susceptibles a causar accidentes porque conducen agotados.[2]

¿Cuál es la cantidad óptima de sueño?

No existe una cantidad exacta porque cada persona es diferente. Un Panel de la Conferencia de Aprobación con miembros de la Academia Norteamericana de Medicina del Sueño (AASM, por sus siglas en inglés), la Sleep Research Society [Sociedad de Investigaciones sobre el Sueño] y los centros para el control de enfermedades, dirigido por el doctor Nathaniel Watson, presidente de la AASM, declaró lo siguiente sobre el sueño y la salud: «La cantidad apropiada de sueño es aquella que le permite al individuo despertarse fresco y permanecer alerta durante todo el día sin la necesidad de cafeína u otros estimulantes. Nosotros recomendamos de siete a nueve horas por noche».[3]

Algunas personas necesitan ocho horas de sueño para funcionar de manera óptima, mientras que otras requieren solo cinco horas. Según un estudio realizado por la Escuela de Medicina de Harvard en enfermeras mayores de setenta años, dormir demasiado es tan perjudicial como dormir poco.[4] Otra investigación del Departamento de Psiquiatría de la Universidad de California examinó la afirmación de algunos estudios anteriores que indican que dormir más de ocho horas por noche aumenta el riesgo de mortalidad. Halló que restringir la cantidad de horas que duerme puede prolongar la vida, especialmente en las personas mayores, y puede tener un efecto antidepresivo.[5]

Los tiempos de sueño son variados para cada individuo. Determinar cuánto es lo correcto para usted es la clave para una noche de sueño reparador. Si quiere saber su tiempo adecuado puede hacer esto: la próxima vez que se vaya de vacaciones, acuéstese a la misma hora todas las noches durante una semana y despiértese de forma natural.[6]

Cómo dormir bien por la noche

No solo es vital dormir lo suficiente, también es importante la calidad del sueño. Aquí le damos algunos ejemplos para que mejore sus aventuras en los brazos de Morfeo:

- **Tenga tiempos estables de vigilia y de sueño:** Es más fácil decirlo que hacerlo, pero tendrá un efecto maravilloso en su calidad de sueño porque estará en sintonía con sus ritmos circadianos. Establezca una hora para acostarse cuando sepa que estará cansado y eso le permitirá dormir suficientes horas antes de despertarse.

- **No duerma demasiado los fines de semana:** Resulta complicado para los que tienen una semana de ajetreo y quieren descansar al final de la misma. Lamentablemente lo que ocurre es una reacción en cadena que no les permite reponer energías durante ese horario libre, y se crea un ciclo perenne de falta de descanso. Resista el deseo del Lagarto de quedarse acurrucadito el fin de semana. ¡Ni hablar!, levántese y aproveche al máximo su tiempo libre.

- **Asegúrese de gastar energías:** Tenemos estilos de vida sedentarios, así que sentarnos 8 horas frente a una pantalla quizás sea agotador para la mente y los ojos, pero no siempre para el cuerpo. El exceso de energía física reduce la calidad del sueño y provoca insomnio. Muévase lo necesario durante el día. Puede hacer ejercicios o caminar a paso ligero con su perro. La actividad lo mantiene despierto durante el día y lo ayuda a dormir por la noche.[7]

- **Tome una siesta:** La siesta tiene un nombre científico que le otorga más credibilidad: «sueño polifásico». Los historiadores aseguran que antes de la invención de la luz eléctrica, las personas generalmente dormían la siesta. Sus días se separaban en dos segmentos divididos en dos periodos de sueño durante cuatro horas. Se acostaban por la noche, se despertaban en la madrugada y permanecían despiertos una hora más o menos para luego volver a dormir hasta la mañana siguiente. Algunos polifásicos famosos son Nikola Tesla, Leonardo Da Vinci, Salvador Dalí, Buckminster Fuller, Napoleón, Thomas Jefferson y Thomas Edison. Los beneficios de una buena siesta son innumerables. Le hará sentir fresco y listo para enfrentar el resto del día. Además, tendrá sueño a la hora de acostarse. El tiempo perfecto para una siesta es de diez a veinte minutos; de esta forma, aumentará su energía y su estado de alerta.[8, 9]

- **No consuma alimentos «estimulantes» antes de acostarse:** El café, el vino, los alimentos fritos, los comestibles picantes, el helado, el yogur, el chocolate, cualquier cosa que contenga azúcar o un alto contenido de sal afectan la calidad del sueño porque mantienen su cerebro y su estómago más despiertos de lo necesario.

- **Apague las luces:** La luz azul de las pantallas estimula el cerebro de forma artificial. Evite mirar la pantalla durante algunas horas antes de acostarse. Busque otras formas de entretenimiento 3D. La oscuridad le ayuda a dormir y hace que su cerebro produzca melatonina. Cuando se vaya a la cama, apague todas las luces, cierre las persianas o cortinas; si necesita luz en la noche use una linterna o lámpara de cabecera para orientarse. De lo contrario, mantenga la penumbra.

- **Establezca un ritual relajante a la hora de acostarse:** Haga espacio y tiempo para que la hora de dormir sea un suceso relajante. Haga sus preparativos para la mañana y luego relájese con un baño, un buen libro y algo de música suave a la hora de acostarse.[10]

- **Medite:** Se sabe que, además de otros múltiples beneficios, la meditación mejora la calidad del sueño. Un estudio realizado por el Centro Médico de Stanford analizó el efecto de un programa de atención completa de seis semanas sobre la calidad del sueño en personas que sufren de insomnio. El tiempo que tardaron los sujetos en dormirse se redujo a la mitad después del programa.[11]

Una breve guía para relajarse mediante la respiración

Recientemente publicamos un artículo evaluado por expertos en el *Journal of Visualized Experiments* [Revista de Experimentos Visualizados] sobre el uso de técnicas de relajación y respiración guiadas para ayudar a apaciguar el cerebro y disminuir la tensión en el cuerpo físico.[12] Los resultados de este estudio mostraron cómo podemos usar la respiración controlada y el escaneo corporal para cambiar las ondas cerebrales alfa, que producen un estado de relajación. Es algo complejo de describir.

Hablamos de un protocolo sencillo para calmar la mente y «piratear» al Mago de modo eficaz. Se trata de enriquecer la respuesta de su cuerpo al estrés diario y la forma de defenderse ante los peligros de la vida. Es fundamental que usted dedique de diez a quince minutos de relajación o meditación para que elimine cualquier entretenimiento, ya sean personas que requieran su presencia, los teléfonos inteligentes o las computadoras.[13]

Diez pasos simples para sentirse feliz y lograr un estado de ánimo relajado en solo ocho o diez minutos:

1. Siéntese cómodo en el piso con un cojín o hágalo en una silla. Asuma una postura relajada, pero con la espalda recta. No se acueste.
2. Su cuerpo debe estar cómodo para concentrarse, pero no tan cómodo que se quede dormido.
3. Realice rotación de hombros (levántelos con suavidad hacia arriba, rótelos hacia atrás y deje que caigan).
4. Cierre los ojos con lentitud para que pueda concentrarse hacia adentro.
5. Permanezca sentado en esta cómoda posición por un rato.
6. Inhale hacia su abdomen, de manera que el diafragma se llene completamente de oxígeno. Cuente hasta cuatro.
7. Exhale. Cuente hasta cuatro.
8. Debe sentir que el aire entra por las fosas nasales, se desplaza hacia su barriga y la llena. Sienta lo mismo mientras exhala. Esté atento a las sensaciones y cualidades de la respiración.
9. Manténgase atento a la respiración. Si divaga en sus pensamientos, no intente dejar de hacerlo, reconozca la distracción y enfóquese de nuevo en respirar.
10. Continúe el ejercicio durante cinco o diez minutos, hasta que su mente esté tranquila. Practíquelo todos los días.

Puede incorporar las técnicas de respiración a los momentos en que ora o medita. Como demostramos en un estudio reciente sobre este tema, el Lagarto responde muy bien a la respiración controlada. Esta técnica es efectiva, sencilla y le devuelve el equilibrio a su mente y a sus emociones.[14]

Otras formas útiles para aquietar al Lagarto durante el día

- **Reconozca sus temores:** Antes de emprender una nueva tarea, ya sea crear un nuevo ritual matutino, empezar un negocio o tomar una decisión riesgosa, piense primero en los peligros que enfrentará. Es beneficioso que describa el peor momento de su empeño porque comprende que, generalmente, sus temores son infundados y puede planificarse para las adversidades. Cuanto mejor preparado esté para lidiar con los aspectos que asustan al Lagarto, mayor será su capacidad de actuación.

- **Planifique, planifique y planifique:** Una vez tomada la firme decisión de abandonar su zona de confort para mejorar su vida, planifique en detalle cómo obtener su meta. El Lagarto impresiona. Ya sea un plan de negocios, una declaración de objetivos, una rutina de ejercicios o un mapa minucioso para enfrentar un ambiente extraño, la planificación actúa como un escudo proactivo contra las variables que debe dominar.

- **Recuerde sus metas:** Es posible que olvide el motivo de todos sus esfuerzos. Para mantener la perspectiva de su trabajo arduo y los resultados finales, recuerde a diario por qué está haciendo lo que hace y los beneficios que le aportará.

LOS CONSEJOS DEL MAGO

- Pasamos una tercera parte de nuestras vidas durmiendo.
- No se sabe a ciencia cierta por qué necesitamos dormir.
- El sueño es vital para nuestro funcionamiento. Sin él, perdemos el enfoque, la concentración y las habilidades necesarias de procesamiento cognitivo.
- La falta de sueño puede causar la muerte y es responsable de muchos accidentes cada año.
- La cantidad óptima de sueño difiere entre individuos, pero generalmente es entre siete y nueve horas.
- Hay varias cosas que puede hacer para dormir mejor por la noche: horas de sueño y vigilia regulares, no dormir demasiado los fines de semana, gastar energía física, dormir la siesta, evitar

ciertos alimentos, apagar las luces, establecer un ritual antes de acostarse y practicar la meditación.

- El mayor desafío del Lagarto es el miedo al dolor o a la incomodidad.
- El primer paso para acallar al Lagarto es conocer su *modus operandi*.
- Cuando entramos en la respuesta de lucha o huida, nuestros miembros reciben oxígeno de nuestro cerebro para obtener energías.
- Para devolverle el control al Mago debemos volver a oxigenar el cerebro.
- Esto se hace mediante la respiración y la meditación.
- Los diferentes estados emocionales tienen una respiración correspondiente.
- En el área de la medicina se ha usado la meditación mediante la respiración para lograr mejores resultados en la mejoría total y la recuperación.
- Podemos piratear al Mago mediante la práctica regular de la meditación.
- Podemos piratear al Mago mediante la respiración controlada.
- Al reconocer nuestros miedos, planificar y recordar por qué queremos cambiar, podemos seguir operando desde el Mago.

Capítulo 16
Comience y termine su día como un chef: La neurociencia de la experiencia

«Sin nuevas ideas, el éxito se puede volver rancio».

—ANTHONY BOURDAIN

EN LA MAÑANA, la concentración de su mente es esencial para obtener la serenidad de un chef, y la consulta del correo electrónico, las redes sociales o las noticias le afectan. A menudo, las personas se vuelven irritables y negativas. Comenzar la jornada haciendo planes o *mise en place* [todo en su lugar] al estilo del chef, crea el enfoque y la intención positiva del logro y completamiento de objetivos.[1, 2] Terminar el día con un examen de éxitos crea un balance que reconoce su arduo trabajo y le ayuda a iniciar el siguiente de manera más efectiva. La planificación y concentración de sus esfuerzos en los primeros y últimos momentos del día, le dará un sistema para el mejoramiento de su éxito y confianza en usted.

Haga un plan activo y específico de tareas. Comience con un verbo en específico: recopilar, crear, estructurar, revisar, visitar. Sea específico en cuanto a sus metas y concéntrese en las mayores victorias y las mejores recompensas; divida los proyectos grandes en tareas más pequeñas que estén acordes a su capacidad mental. En el mundo entero se reconoce que la planificación es una estrategia efectiva para lograr el éxito. Ella, conjuntamente con la flexibilidad para enfrentar circunstancias inesperadas, son la clave para obtener la capacidad de los chefs expertos y de otras personas exitosas.

Años atrás, los científicos creían que el cerebro casi no sufría cambios después de la infancia. Por fortuna, los avances en imágenes y la comprensión de este órgano revelan algo muy diferente. Se llama neuroplasticidad y es la aptitud del cerebro para adaptarse. Esto demuestra que «cotorra vieja sí aprende a hablar». Cuando nos volvemos expertos en algún tema, la forma y la función de nuestro cerebro cambian. El aprendizaje y el desarrollo de habilidades varían la forma y la función de su cerebro en cualquier etapa de la vida.

¿Qué es la neuroplasticidad?

Las formas de pensar, actuar, movernos y sentir se transforman mucho en la medida que envejecemos. Las experiencias, los conocimientos y las habilidades definen nuestra personalidad, la forma física y la función del cerebro. Un niño de siete años experimenta la vida de un modo totalmente diferente a una persona de veinticinco o de setenta años. Esta transformación en la capacidad de pensamiento y de funcionamiento del cerebro durante la vida, da lugar a individuos totalmente «nuevos» con enormes diferencias de personalidad y habilidades.

La capacidad de crecimiento y cambio del cerebro permite esta transformación de por vida. No obstante, no se trata de una metamorfosis instantánea, sino de cambios lentos, graduales, pero inmensos. El cerebro responde a la información y las experiencias que recibe. Se desarrolla para responder a nuestras demandas. Al igual que un músculo bajo constante entrenamiento, el cerebro se hace «más fuerte» y más rápido cuando lo necesita.

Cada pensamiento, acción o emoción repetidos mejora una vía mental específica que está conformada por conexiones entre células llamadas neuronas. Con el tiempo, estos pequeños cambios se acumulan y adquirimos hábitos, habilidades y experiencia en todo lo que hacemos reiteradamente. El cerebro actúa como un músculo que se desarrolla para desempeñar habilidades específicas, o que se atrofia cuando está subutilizado. La neuroplasticidad es el proceso mediante el cual él cambia para enfrentar las necesidades del momento. Si usted necesita adquirir experiencia para una habilidad o tarea específicas, el cerebro se transforma para ayudarle a mejorar paso a paso mientras practica.

Este órgano está formado por miles de millones de células nerviosas llamadas neuronas, las cuales se comunican entre sí por medio de señales químicas y eléctricas que actúan como mensajes. El vínculo entre ellas se vuelve más eficiente y los mensajes llegan más rápido en la medida en que aprendemos una nueva habilidad. Refuerzan sus conexiones, se conectan entre sí o incluso estimulan varias células a la vez para ayudarnos a coordinar funciones complejas que requieren varios sentidos y movimientos. Esto ocurre, por ejemplo, cuando jugamos al tenis.

Una investigación innovadora

Los chefs, en especial los de la televisión, son famosos por su carácter, su liderazgo y, evidentemente, por sus habilidades culinarias. Pero ¿qué los hace tan diferentes de nosotros? Los investigadores que colaboran con la Federación Italiana de Chefs realizaron una compleja investigación para comprender a ciencia cierta cuán diferente es el cerebro de un chef.

Los estudios concluyeron que los cerebros de tales personas habían desarrollado más un tipo específico de células cerebrales llamada «materia gris». Los científicos también encontraron que las habilidades y la experiencia de los chefs estaban asociadas con el cerebelo, no así su personalidad. Esta área del cerebro es responsable de la función motora (control de los músculos y extremidades) y la cognitiva (el proceso de obtener y comprender información y experiencias nuevas a través de los sentidos).[3, 4]

Desarrollar habilidades

El proceso de aprender y mejorar las habilidades a través de la práctica generalmente se asocia con el cerebelo (ubicado en la pared posterior del tronco del encéfalo y formado por dos mitades separadas). Los cambios anatómicos que reveló la investigación muestran que los cerebros de los chefs se desarrollan para procesar más rápido la información de funciones motoras y cognitivas específicas.

Para aprender una nueva habilidad o desarrollar las ya existentes, necesitamos realizar tareas físicas o mentales específicas repetidamente. La capacidad y la velocidad deben aumentar poco a poco. El cerebro necesita cambiar para lograrlo; precisa establecer y estabilizar las conexiones entre múltiples células neuronales para que mejoremos la precisión y la eficiencia en cada tarea que desarrollemos. Sus diferentes regiones deben conectarse para crear secuencias de movimiento y pensamiento que mejoren la habilidad. Un músico, para tocar el piano, necesita la destreza, las habilidades visuales y las auditivas cuando presiona las teclas, lee la música y evalúa el tono, ¡todo al mismo tiempo!

Expertos en todo

Los neurólogos siempre se han interesado en las habilidades mentales de genios como Einstein. Se ha estudiado rigurosamente su cerebro
para comprender la relación entre habilidad, experiencia y destrezas
de genio. Parece ser que las regiones específicas de la corteza cerebral
de Einstein eran deficientes, por eso su desarrollo del habla fue lento.
Esto favoreció el pensamiento en imágenes visuales. Sin embargo, su
entrenamiento en el violín desde edades tempranas aumentó las funciones motoras y cognitivas en regiones vitales del cerebro que podían,
con creces, compensar sus déficits. Se han hecho numerosos estudios
sobre la experiencia y la habilidad en músicos y en genios como el
ya citado para entender cómo el cerebro responde a las habilidades
de aprendizaje.[5, 6] Se cree que una persona que necesite experiencia o
entrenamiento en cualquier área específica, ya sea taxista, ajedrecista,
sumiller o jugador de videojuegos en línea, sufrirá en el cerebro cambios similares a los de los chefs. De hecho, toda actividad que requiera
acción y pensamiento dará forma al cerebro cuando se desarrolla a un
nivel de experto.

Cómo piensan los chefs

Los chefs necesitan una atención y concentración sostenidas al realizar múltiples tareas a la vez: combinar ingredientes, comidas y menús. Planifican
cronogramas interrelacionados y complejos, toman decisiones rápidas, prio-
rizan tareas y administran equipos extensos de personal mientras reciben
nueva información de compañeros de trabajo. Todo esto en un restaurante
lleno de personas hambrientas e impacientes.[7]

La evaluación de gustos complejos, el ajuste de ingredientes, la valo-
ración de información nueva y la respuesta a desastres forman parte de su
rutina diaria. Mientras más comidas para servir y menús más complejos,
mayores son las demandas cognitivas. Además de los requisitos mentales,
se necesita una compleja variedad de habilidades motoras para rebanar,
machacar, tajar, cortar verduras a la juliana y picar una variedad de ingredientes de disímiles texturas y formas. Es increíble que los chefs se manten-
gan ecuánimes y sobrios ante las excesivas demandas físicas y mentales que
enfrentan.

Aprender y crecer

La gran cantidad de habilidades que necesitan, más los años de práctica, entrenamiento y experiencia, hacen que los cerebros de los chefs aprendan, se adapten y crezcan. Las habilidades más importantes llegan a automatizarse a través de la educación y la experiencia práctica. Se desplazan al subconsciente; sitio donde procesamos la información con mayor rapidez y eficiencia. No tenemos siquiera que pensar en el proceso.

Cuando la memoria muscular y las vías mentales están bien conectadas son capaces de autopilotearse fácilmente ante los desafíos diarios o los problemas imprevistos. Su experiencia, que se expresa en adaptaciones neurológicas y psicológicas, hace que su conocimiento consciente brinde los detalles artísticos y los hermosos toques de creatividad necesarios para ganarse una reputación de clase mundial.

En muchas ocasiones los chefs usan rituales para acelerar la forma en que trabajan y procesan la información. Un ejemplo es *mise en place* cuyo significado es «todo en su lugar», aunque en realidad incluye múltiples procesos de pensamiento y herramientas de planificación junto a una reflexión profunda antes de comenzar cualquier actividad: estudiar y planificar una receta, evaluar y combinar todas las herramientas y los ingredientes necesarios. En esencia, es evaluar el proceso completo y visualizar, de manera acertada, cada paso que conduce al resultado final. Más que una técnica para administrar proyectos sin pérdida de tiempo, es una filosofía y un estado de ánimo similar al zen: evita errores, reduce el tiempo que se emplea para buscar cosas, elimina las distracciones y concentra el cerebro de forma eficiente.

Creación consciente

Los chefs y otros expertos utilizan el esfuerzo consciente del neocórtex para trazar y conducir rutinas subconscientes. Han decidido usar su cerebro Mago para el desarrollo de la morfología y la capacidad del resto de su cerebro. El aprendizaje sistemático, la repetición, el trabajo arduo, los rituales y las rutinas, que controla el mismo Mago, tienen el poder de reconstruir el resto del órgano.

Las rutinas son excelentes para mejorar el desarrollo mental y físico del cerebro. Cuando conectamos tareas separadas en secuencias más extendidas, construimos sobre estructuras físicas y conexiones neurológicas ya existentes. De esta manera, se memoriza la información y, lo que es más importante, se reduce la resistencia a las tareas que requieren esfuerzo mental o fuerza de voluntad.

Por tanto, la forma en que empezamos la mañana y los procesos mentales que iniciamos en cuanto salimos de la cama influyen enormemente en la dirección y el éxito del día.[8] ¿Qué prefiere: comenzar con una secuencia de pensamientos positivos y productivos o con una cadena de pensamientos caóticos e irrelevantes? Los caminos mentales que usted tome durante las primeras horas determinarán el pensamiento y los resultados para el resto de la jornada.

Plasticidad aplicada

Esta nueva comprensión de cómo el cerebro responde de manera física a la necesidad de pensar y actuar de maneras específicas abre nuevas puertas. Podemos abandonar las ideas antiguas de que los talentos son innatos y que somos buenos en algo por naturaleza. Debemos experimentar con un enfoque alternativo. Hay que entrenar y desarrollar al cerebro para adquirir experiencia.

Si usted crea condiciones para la práctica sistemática de habilidades o la mejoría de las funciones cerebrales, el resultado será un órgano en crecimiento capaz de satisfacer todas sus demandas. La combinación de prácticas específicas, como rutinas, con oportunidades para ampliar y desarrollar habilidades especializadas, cambiará físicamente su cerebro.

Experiencia nutricional

Necesitamos condiciones saludables para hacer crecer el cerebro o cualquier otra estructura física nueva. La medicina moderna ha pasado por alto la importancia de la nutrición, pero investigaciones recientes muestran con claridad que, si queremos optimizar el rendimiento físico y mental, debemos proporcionarle al cuerpo materiales de construcción, no procesados, de alta calidad.

El cerebro contiene más de un 60 % de grasa, así que necesita muchos ácidos grasos esenciales para la creación de nuevas estructuras, entre ellos

los antinflamatorios omega 3 (que se encuentran en el pescado azul) y otras grasas saludables (como los aceites de oliva y de coco), ya que lo nutren y protegen, reducen el deterioro cognitivo de la vejez y mejoran el estado anímico. Las frutas y las verduras proporcionan una nutrición cerebral específica que mejora el aprendizaje y la cognición porque estimulan señales biológicas específicas (como el factor neurotrófico cerebral), lo que reduce la inflamación y la toxicidad.[9]

Experiencia culinaria

Los chefs que integraron la investigación del equipo italiano eran lo mejor de lo mejor; en otras palabras, «la crema de la crema». Fueron once expertos culinarios con amplia experiencia en cocinar no solo para restaurantes, sino también para brigadas enteras, seleccionados con rigor. Estos personajes son completamente distintos de los típicos «cocineros» en los restaurantes de comida rápida o, incluso, en los de lujo.

Por lo general, un cocinero prepara siempre el mismo menú. Sí, la destreza es necesaria en términos de tiempo y habilidades para cocinar, pero la necesidad de crecimiento cognitivo es menor. Estos chefs tenían que dominar y gestionar una amplia gama de aportaciones mentales y funciones cognitivas.

Necesitan retener datos de un vasto libro mental culinario de gustos, ingredientes y tiempos de cocción para crear recetas y técnicas novedosas; alternar rápidamente las tareas y las operaciones mentales: planificar un procedimiento, terminar otro; y preparar un postre, siempre atentos a que nada se queme, se espese o se enfríe.

La capacidad del cerebro para crecer y responder al medio ambiente es una espada de doble filo; proporciona estimulación y nutrición beneficiosas, adquiere nuevos conocimientos con rapidez y debido a esto se desarrolla. Sin embargo, el consumo de alimentos inadecuados y la repetición de hábitos poco útiles, hacen que las personas se vuelvan expertas en comer pizza frente al televisor.

Entonces, decida cómo estimular y hacer crecer su cerebro. Aprender a cocinar y convertirse en un chef podría ser la estimulación mental y el alimento perfectos. Elija cómo quiere pensar, sentir y proceder. Reúna estas ideas e iniciativas en una superautopista de conexiones neurológicas que estimulen sus mañanas y todas las experiencias de la vida.

LOS CONSEJOS DEL MAGO

- Cada acción, emoción o pensamiento repetidos mejora las vías mentales específicas en nuestro cerebro.
- Se puede lograr una atención y un enfoque constantes mientras se realizan tareas múltiples con la planificación y con los plazos interrelacionados.
- Las habilidades más importantes llegan a automatizarse a través de la educación y la experiencia.
- Las rutinas son un excelente atajo para mejorar el desarrollo mental y físico del cerebro.
- Sea específico sobre lo que quiere lograr y concéntrese en las mayores victorias y las mejores recompensas.
- La creación de condiciones para practicar con frecuencia las habilidades o mejorar las funciones generales del cerebro será recompensada con un órgano que crece; capaz de dar satisfacción a las demandas que se le impongan.
- Elija cómo quiere pensar, sentir y proceder. Reúna estas ideas e iniciativas en una superautopista de conexiones neurológicas que estimulen sus mañanas y todas las experiencias de la vida.

Capítulo 17

Preocúpese de su *dosha*: Sabiduría antigua sobre su cerebro y su cuerpo

■

«Por cada minuto que permaneces enojado, pierdes sesenta segundos de tranquilidad».

—RALPH WALDO EMERSON

LA SABIDURÍA ANTIGUA, combinada con más de tres mil años de práctica clínica, brinda un sistema de atención médica único que todavía tiene éxito ante el escrutinio de la ciencia moderna. El Ayurveda es un enfoque clásico para el bienestar; se enfoca en las causas fundamentales de la enfermedad y aplica acciones correctivas y nutrición terapéutica.

Este convincente sistema de medicina personalizada ayuda a los individuos a comprender y mejorar casi todos los aspectos de su bienestar físico, emocional y mental. Se basa en una comprensión profunda del equilibrio básico de los sistemas corporales, los órganos y los tejidos. Los efectos de reequilibrio de la medicina ayurvédica son tan útiles, o más, que los remedios farmacéuticos alopáticos, que por lo general enmascaran los síntomas, causan efectos secundarios y rara vez proveen una cura. Para muchos investigadores modernos, este enfoque tradicional de la salud está desbloqueando y optimizando la vitalidad física y mental.

Conceptos ayurvédicos

El cuerpo humano, incluido el cerebro, está compuesto por los cinco elementos vitales o estados de la materia. Cada uno de nosotros tiene una proporción única de los elementos agua, fuego, tierra, aire y éter.[1]

1. El elemento tierra es el fundamental y está presente en nuestros huesos y dientes.

2. El elemento agua es la porción líquida del cuerpo y se encuentra en la sangre, el agua y otros fluidos corporales. Es responsable de proveer de energía a todo el cuerpo.

3. El elemento fuego se relaciona con la temperatura corporal (producción de calor), la digestión, la actividad metabólica, la concepción, y desempeña un papel importante en nuestras emociones y pensamientos indiscretos.

4. El elemento aire se asocia a los sistemas nervioso y respiratorio y tiene que ver con el envío de las señales nerviosas, el oxígeno y el movimiento (postura) del cuerpo.

5. El elemento éter o «espacio» es el vacío en el organismo. ¿Sabía que un átomo tiene aproximadamente 99,999999999999996 de vacío?

El tema central de la medicina ayurvédica es que todos los aspectos del cuerpo y el comportamiento pueden dividirse en uno de tres grupos: Vata (aire + éter), Pitta (fuego + agua) y Kapha (tierra + agua). Los signos físicos (como el peso y la constitución de la piel) combinados con rasgos de la personalidad (como la respuesta al estrés), se utilizan para clasificar los tipos de cuerpo en uno o más de estos subtipos.[2]

El ayurveda no es el único sistema que usa la triple separación de individuos y atributos. La medicina tradicional china y la medicina griega antigua (antecesora de la occidental) también se basan en divisiones trinas muy similares y bien establecidas de los aspectos biológicos. El tipo *dosha* refleja los patrones específicos que influyen en la regulación del cerebro, el cuerpo físico y el comportamiento.

Al principio se usaban las observaciones físicas para determinar los *doshas*, pero ahora las clasificaciones se confirman con pruebas de laboratorio y análisis bioquímicos. Hoy la química sanguínea, la epigenética (patrones de expresión génica) y el riesgo de enfermedades específicas, se están organizando con las clasificaciones de *dosha* ayurvédicas que se han utilizado durante miles de años en la India. Por ejemplo, las células de grasa pertenecen al *dosha* Kapha, y cuando este se encuentra en exceso, los individuos tienen cutis graso, sobrepeso, colesterol elevado y son propensos a la diabetes.[3,4]

Tipos de *dosha*

La clasificación del tipo de *dosha* se usa para cada aspecto de la vida humana: estructura corporal, función mental, respuestas emocionales, relaciones sociales y tendencias de comportamiento. Resulta increíble, pero los patrones neurológicos y la bioquímica subyacente en estas diferencias que rigen todos los aspectos de nuestra existencia, se están descubriendo y comprendiendo poco a poco.

También existen clasificaciones para todos los órganos individuales, tipos de células, funciones biológicas y procesos dentro del cuerpo (ver figura, página siguiente):

- Vata rige: la división celular y las señales, el movimiento, la excreción de desechos y la cognición.
- Kapha rige: las estructuras como los huesos, el crecimiento, la estabilidad y el almacenamiento, por ejemplo, la grasa corporal.
- Pitta rige: el metabolismo, la regulación de la temperatura, la visión, la energía y la atención.

Genética y bioquímica

Los estudios genéticos están confirmando rápidamente la antigua sabiduría que el ayurveda usa en la clasificación exitosa de las personas para entender los trastornos, restaurar el equilibrio y mejorar la salud:[5]

- Los factores de riesgo de las enfermedades cardiovasculares (niveles elevados de triglicéridos, colesterol total, lipoproteínas de alta densidad (HDL, por sus siglas en inglés), lipoproteínas de baja densidad (LDL, por sus siglas en inglés) tienden a ser más altos en individuos Kapha.
- Las personas con el *dosha* Pitta tienden a poseer un mayor recuento de glóbulos rojos y más hemoglobina que otros *doshas*.
- También se ha demostrado que la regulación genética del sistema inmunológico varía según el *dosha*.
- Los tipos Pitta poseen mejores vías de respuesta inmunológica.
- Los genes inflamatorios se expresan más en los tipos Vata.
- Los tipos de Kapha poseen una mayor expresión de las vías de señales inmunológicas.
- Se ha demostrado que la capacidad del cuerpo para responder al estrés físico del ejercicio, controlar la presión arterial y la actividad del sistema nervioso tienen diferentes formas de *dosha*.

	VATA	PITTA	KAPHA
Estado natural	Chorros de energía «Siempre en movimiento» Mente creativa Puede experimentar agotamiento Respuesta sensible de lucha o huida Ciclos emocionales Se sobrecoge con facilidad Sensible al frío	Mente creativa Energético «Fuego en el vientre» Competitivo y firme en sus objetivos Metabolismo alto Perseverante en el aprendizaje Espontáneo	Resistencia excepcional Digestión normal Personalidad amorosa y alentadora Tendencia a dormir en exceso Tendencia a aumentar de peso
Áreas cerebrales de mayor actividad	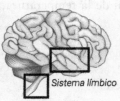Sistema límbico Tronco cerebral	Córtex Córtex frontal 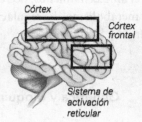Sistema de activación reticular	Tronco cerebral Cerebelo
Detonantes	Estrés agudo Falta prolongada de sueño de calidad Horario mal administrado Comer demasiado rápido Sobreactivación de los sentidos Exceso de bebidas carbonatadas Ansiedad Inseguridad, Miedo, soledad	Estrés agudo Malos y pobres hábitos digestivos, como saltarse comidas e ingerir alimentos picantes Cronogramas agresivos Demasiada exposición al calor (meses de verano)	Estrés agudo Mantener relaciones, responsabilidades o empleos dañinos, que empobrecen Desequilibrios hormonales
Equilibrantes	Ingerir alimentos de calidad Mantener una rutina alimentaria Artes marciales, bailar Masaje semanal Meditación de relajación guiada Aceites esenciales: lavanda, salvia, arborvitae (tuya)	Masaje personal de coco Técnicas de respiración de relajación guiadas Respiración por el orificio izquierdo Meditación de risa y sonrisa Aceites esenciales: ylang ylang, sándalo, rosa, todos los aceites florales (enfriamiento)	Implementar las rutinas a la vez que busca experiencias nuevas, emocionantes y estimulantes Actividad física 4-5 veces por semana Meditación Aceites esenciales: cardamomo, canela, jengibre, clavo, incienso

- Existe una fuerte correlación entre el tipo de *dosha*, los factores genéticos y metabólicos, la función del sistema nervioso y el control hormonal. Esto revela por qué el *dosha* ejerce una influencia predecible y confiable en la salud, el estilo de vida y el comportamiento. La comprensión ayurvédica de las sustancias químicas cerebrales y los procesos mentales estimulados por el *dosha* también explican por qué el *dosha* de un individuo determina cómo piensa, aprende, se concentra y duerme.

Pensar y comportarse de manera diferente

La forma en que funciona el cerebro afecta cómo nos sentimos y comportamos. Las diferencias observables entre los comportamientos individuales por lo general pueden asociarse a las diferentes químicas y funciones del cerebro. Por ejemplo, en los tipos Vata, el sistema de activación reticular (responsable de la activación y la determinación de si estamos alertas, relajados o dormidos) es mayor; esto los hace reaccionar de forma exagerada al mundo circundante; pero es menor en los Kapha, lo que provoca que sean más tranquilos.

Existen algunos rasgos cognitivos y neurológicos generales que relacionan el *dosha* con la función mental:

- Vata: Aprende y olvida rápidamente, es bueno para resolver problemas.
- Pitta: Muy decidido y orientado hacia sus metas, es dado a actuar con denuedo.
- Kapha: Lento, pensamiento y acción metódicos, prefiere la rutina y necesita estimulación.

Determine su *dosha*

Existen varios métodos para determinar su *dosha* primario y secundario e identificar cualquier exceso y desequilibrio. Los médicos ayurvédicos utilizan una combinación de evaluaciones visuales y físicas que incluyen el estado de los ojos, el cabello, la piel y la lengua. También se utilizan la fuerza y la velocidad de los pulsos en el cuerpo para determinar el equilibrio correcto del individuo.

Asimismo, puede realizar una autoevaluación mediante cuestionarios en línea o de lápiz y papel con las mismas preguntas que usaría un consultor o profesional de medicina ayurvédica. Si desea examinar la constitución de su cuerpo, simplemente complete el cuestionario de *dosha* que modificamos para usar en este libro.

Examine la constitución de su cuerpo

Para cada aspecto constitucional hay tres características diferentes (a, b y c). Uno, dos o tres de ellos (a, b y c) se aplican a usted.

- Llene todos los espacios de puntuación.
- Llene cada espacio de puntuación con un número según la característica que se aplique a usted.
- Escriba 0 para «no aplicable»; 1 para «no tanto»; 2 para «sí, hasta cierto punto», y 3 para «sí, mucho».
- Lea con cuidado y sea 100 % sincero consigo mismo.

ASPECTO CONSTITUCIONAL	CARACTERÍSTICA	PUNTUACIÓN
1. Constitución corporal	a) delgado, irregular, con venas prominentes	V:_____
	b) media, proporcionada, tonificada	P:_____
	c) pesado, amplio, proporcionado	K:_____
2. Peso corporal	a) difícil de ganar, fácil de perder - menos peso	V:_____
	b) fácil de ganar, difícil de perder - peso moderado	P:_____
	c) fácil de ganar, difícil de perder - sobrepeso	K:_____
3. Piel	a) seca, fría, áspera, oscura y poco profunda: se broncea fácilmente	V:_____
	b) suave, aceitosa, cálida, clara, rojiza: se quema con facilidad; lunares y pecas	P:_____
	c) espesa, suave, aceitosa, limpia, fresca: se broncea con facilidad	K:_____

ASPECTO CONSTITUCIONAL	CARACTERÍSTICA	PUNTUACIÓN
4. Pelo	a) seco, oscuro, ondulado o rizado, delgado	V:_____
	b) suave, aceitoso, lacio, rojizo, calvo prematuro o encanecido	P:_____
	c) grueso, graso, claro u oscuro, ondulado, abundante	K:_____
5. Dientes	a) prominentes, grandes, torcidos, encías demacradas	V:_____
	b) tamaño moderado, amarillentos, encías suaves	P:_____
	c) fuertes, blancos, bien formados	K:_____
6. Ojos	a) pequeños, activos, de color marrón, gris, violeta o inusual	V:_____
	b) achinados, finos, penetrantes, verdes, marrón claro, avellana	P:_____
	c) grandes, atractivos, negros, azules, marrón oscuro, pestañas gruesas	K:_____
7. Uñas	a) secas, grisáceas, rígidas	V:_____
	b) claras, bien formadas, flexibles	P:_____
	c) cuadradas, blancas, parejas	K:_____
8. Apetito	a) irregular	V:_____
	b) intenso, insoportable: no se puede saltar una comida	P:_____
	c) constante: se puede saltar fácilmente una comida cuando está ocupado	K:_____
9. Gusto	a) le gusta lo dulce, ácido, salado	V:_____
	b) le gusta lo dulce, amargo, áspero	P:_____
	c) le gusta lo acre, amargo, áspero	K:_____
10. Digestión	a) irregular	V:_____
	b) intensa	P:_____
	c) lenta	K:_____
11. Sed	a) irregular	V:_____
	b) intensa - excesiva	P:_____
	c) poca	K:_____

ASPECTO CONSTITUCIONAL	CARACTERÍSTICA	PUNTUACIÓN
12. Sudor	a) escaso	V:_____
	b) profuso, transpira fácilmente	P:_____
	c) moderado	K:_____
13. Actividad física	a) muy activo, animado, entusiasta	V:_____
	b) moderado	P:_____
	c) menos activo o letárgico, no se apura	K:_____
14. Energía	a) explosivo, pero se cansa con facilidad	V:_____
	b) resistencia moderada	P:_____
	c) resistencia fuerte y constante	K:_____
15. Estado mental	a) inquieto, curioso, excitable, vacilante, a veces divaga; indeciso, actúa, trabaja y camina rápido. Se enfría con facilidad: las manos y los pies por lo general se enfrían	V:_____
	b) agresivo, perfeccionista, sigue sus propias ideas, extrovertido, más abierto, preciso y metódico en el trabajo, disfruta de ser el centro de atención, le gusta liderar, detesta el calor.	P:_____
	c) lento, receptivo, posee gran fuerza y resistencia pero es muy lento y metódico; generalmente es tranquilo, no se irrita o excita con facilidad, no le gusta el clima frío y lluvioso	K:_____
16. Futuro	a) inseguro, vacilante	V:_____
	b) ambicioso, decidido a alcanzar las metas	P:_____
	c) no se inmuta, se toma las cosas con calma	K:_____
17. Hábito	a) impulsivo	V:_____
	b) metódico, lógico	P:_____
	c) conservador	K:_____
18. Respuesta al estrés	a) se pone nervioso y temeroso	V:_____
	b) se pone irritable y de mal humor	P:_____
	c) se pone perezoso o irresponsable	K:_____
19. Temperamento (positivo)	a) perceptivo, amoroso, amable	V:_____
	b) exitoso, alegre, inteligente	P:_____
	c) tranquilo, estable, amoroso, cariñoso, tolerante	K:_____

ASPECTO CONSTITUCIONAL	CARACTERÍSTICA	PUNTUACIÓN
20. Temperamento (negativo)	a) temeroso, nervioso, ansioso	V:_____
	b) impaciente, enojado, arrogante, celoso, apasionado, egoísta	P:_____
	c) codicioso, terco, posesivo, apegado, deprimido	K:_____
21. Memoria	a) no es nítida: aprende y olvida rápidamente	V:_____
	b) aguda: aprende con rapidez, olvida con lentitud	P:_____
	c) excelente memoria pasada: aprende y olvida lentamente	K:_____
22. Discurso	a) rápido, errático, hablador	V:_____
	b) agudo, preciso, articulado, potente, decisivo	P:_____
	c) lento, dulce, de pocas palabras, cauteloso	K:_____
23. Limpieza	a) limpieza frenética	V:_____
	b) aseado, ordenado y compulsivo	P:_____
	c) detesta la limpieza de la casa, prefiere hacer cualquier otra cosa	K:_____
24. Dormir	a) sueño pobre, interrumpido	V:_____
	b) sueño corto y saludable	P:_____
	c) sueño pesado, profundo, largo	K:_____
25. Sueños	a) vuela, salta, corre, temeroso, errático	V:_____
	b) violento, ardiente, intenso, colorido	P:_____
	c) jugosos, sensuales, románticos de secuencias largas	K:_____
26. Fe	a) cambiante	V:_____
	b) fanático	P:_____
	c) firme	K:_____
27. Espiritualidad	a) espiritualmente disciplinado	V:_____
	b) tiende al éxito material	P:_____
	c) básicamente material	K:_____
28. Finanzas	a) pobre en las finanzas, gasta en pequeñeces	V:_____
	b) estado financiero moderado, gasta en lujos	P:_____
	c) rico, ahorra dinero, gasta en comida	K:_____

Suma total

Vata (V)	
Pitta (P)	
Kapha (K)	

Cuestionario adaptado del Shankara Ayurveda Spa Dosha Quiz con permiso del Art of Living Retreat Center, Boone, Carolina del Norte, www.aolrc.org.

Entender los resultados del cuestionario

Ahora que ha completado su cuestionario de *dosha*, puede utilizar sus resultados para saber cómo equilibrar la mente y el cuerpo. Así emplea mejor a su Mago y saca partido para una vida más satisfactoria. Por las respuestas de su cuestionario de constitución corporal, seguro descubrió que obtuvo una puntuación alta en uno o más de sus tipos de *dosha*. ¿Qué significa esto y cómo es posible? Bueno, puede significar que usted es de dos *doshas* o, incluso, de tres *doshas*. No tiene que ser algo negativo. Si solo un *dosha* obtuvo una puntuación alta después del cuestionario, entonces ha identificado con éxito sus tipos de *dosha* predominantes. ¡De todos modos, felicidades!

Bueno, ahora usted se pregunta: «¿Estoy equilibrado?», «¿qué significa *equilibrado*?». Por desgracia, el estilo de vida moderno nos pone al 99 % de nosotros en la categoría de «desequilibrado» y a algunos más que a otros. El desequilibrio es normal. Usted puede balancear más su cuerpo y su cerebro a través de los resultados del cuestionario de constitución corporal y toda la información que presentamos en este libro. En efecto, consigue domesticar su cerebro de Lagarto. Remítase a la página 145 y compruebe algunos de sus desencadenantes. Pregúntese: ¿cómo puedo incorporar uno o dos de los equilibradores en mi vida presente? No se apure, tómese su tiempo para examinar a fondo los resultados que obtuvo. Dialogue con sus amigos, familiares y colegas. Pregúntese: «¿Estoy viviendo una vida equilibrada?».

Acciones correctivas

Muchas personas, al entender su *dosha* o *doshas* dominantes, ven que su personalidad y la de los demás, están en los patrones establecidos. Empiezan a ver que los individuos no están tan locos. Entienden por qué a algunos les gusta arriesgase y experimentar cosas nuevas y otros simplemente lo detestan. Comprender su *dosha* le ayuda a prevenir enfermedades, maximizar su día, controlar su mente y su estado de ánimo. La clave es aumentar sus habilidades, fortalezas, cualidades y talentos, y alinearlos con el *dosha* natural para reducir todo exceso o desequilibrio.

Mañanas y horarios

- Cada *dosha* tiene dos horas óptimas del día; por ejemplo, Kapha tiene de 6:00 a. m. a 10:00 a. m. y de 6:00 p. m. a 10:00 p. m.
- Cuando los Kaphas se levantan antes de las 6:00 a. m., poseen más energía y son más eficientes.
- Puede usar su tipo de *dosha* y saber los mejores horarios para realizar tareas específicas.

HORA DEL DÍA	HORAS	DOSHA DOMINANTE
Mañana	6 a. m. – 10 a. m.	Kapha
Mediodía	10 a. m. – 2 p. m.	Pitta
Tarde	2 p. m. – 6 p. m.	Vata
Tarde	6 p. m. – 10 p. m.	Kapha
Medianoche	10 p. m. – 2 a. m.	Pitta
Temprano en la mañana	2 a. m. – 6 a. m.	Vata

Usted es único: Comida y cuerpo

Los profesionales de la medicina ayurvédica prescriben terapias basadas en la nutrición para mejorar o reducir un *dosha* específico. Por ejemplo, alguien con sobrepeso tiene demasiado Kapha (porque Kapha rige el tejido graso). Este exceso puede corregirse con alimentos de equilibrio Kapha (estimulantes Vata y Pitta) como el jengibre y los chiles. Otra forma de tratar los excesos de Kapha es reducir los alimentos que son Kapha por naturaleza, como los lácteos y las nueces.

Con un sencillo autoanálisis e investigación puede emplear los principios ayurvédicos para comprender mejor su propia personalidad, ver sus fortalezas y trabajar para reducir sus desafíos mentales. Si es del tipo Kapha, necesita estimulación, pero funciona bien con la rutina. Busque un método para añadir algo de emoción. Entender qué lo motiva, lo emociona y lo aburre es importante para el éxito personal en todas las áreas de la vida.

LOS CONSEJOS DEL MAGO

- El ayurveda es un enfoque clásico de bienestar, se centra en identificar las causas de las enfermedades humanas.
- El ayurveda se divide en tres grupos de *dosha*: Vata, Pitta y Kapha.
- Los *doshas* influyen en nuestro cerebro y nuestro cuerpo durante las veinticuatro horas del día.
- Su cerebro y su cuerpo son únicos. Equilibrar su *dosha* y saber los factores desencadenantes le proveerá de una salud óptima.
- Comprender su *dosha* le permitirá elegir sus actividades físicas, tareas cognitivas, opciones alimenticias y rutina diaria. De esta manera maximizará la energía dominante interior y exteriormente para mejorar su éxito personal.

Capítulo 18

Pensamientos finales: Usted está preparado para dirigir la mañana y disfrutar el día

■

«La meditación no es detener los pensamientos, sino reconocer que somos más que nuestros pensamientos y sentimientos».

—ARIANNA HUFFINGTON

RECORRIMOS UN LARGO trecho en un viaje corto; cubrimos mucha información, herramientas y ejercicios para dominar las mañanas. Ahora ya sabe cómo despertarse temprano, contento y listo para disfrutar el resto del día.

Todas las personas tienen obstáculos para el crecimiento, pero dentro de estos se encuentran las soluciones. Nos gusta pensar que somos muy complejos y civilizados, cuando en realidad lo somos hasta donde nos lo permite el mecanismo animal y primitivo del Lagarto. Él necesita sentirse seguro y está siempre atento a todo peligro, dolor o malestar. El mayor desafío del cerebro de reptil es que, al enfrentar lo desconocido, se anticipa al dolor o a la incomodidad, incluso si no existe un peligro real. De hecho, sucede así la mayor parte del tiempo. El Lagarto, por supuesto, desempeña sus tareas; su ocupación es mantener nuestra seguridad y bienestar. Así que evalúa de continuo cada variable de nuestro entorno y situación, a la vez que se ocupa de los procesos metabólicos inconscientes, cuestiones que, a decir verdad, debemos agradecerle. Si hoy estamos aquí, es porque nuestros antepasados tuvieron un Lagarto con un rendimiento excepcional.

El problema es que puede salirse de control. Cuando los individuos responden solo mediante su Lagarto, se tornan peligrosos y destructivos con aquellos que, supuestamente, los amenazan. Cuando los sistemas humanos como gobiernos, corporaciones, medios de comunicación, organizaciones religiosas e instituciones de todo tipo reaccionan a través del Lagarto, cuyas raíces son el temor primitivo, ocurren guerras, destrucción ambiental, divisiones y conflictos sociales extremos, para mencionar solo algunas consecuencias.

Ya usted entiende la interacción entre las diferentes partes de su cerebro y cómo el Lagarto preside desde su escondite. Sabe por qué le impide desarrollar su mejor versión, esa que, en el fondo, sí es posible. Además, conoce sus estrategias mañosas.

Ahora sabe cómo piratear a su Mago a través de la respiración para recuperar el control, la tranquilidad y la compostura. Puede ver con nitidez cómo las actividades y las decisiones que toma en la mañana influyen no solo en el resto del día, sino en la vida.

Posee las herramientas y los ejercicios para desarrollar la vida que anhela, solo tiene que ponerlos en práctica. Cada nueva mañana es una oportunidad para ser un nuevo yo, para redefinirse y reorientar las prioridades y el enfoque de la energía en su vida.

Cuando aplique esas estrategias y entre en acción, no le hará falta un despertador: saltará de la cama. No espere más, haga que su próximo amanecer sea temprano, feliz y agradable. ¡Buena suerte!

Qué hacen los líderes para comenzar el día

Para inspirarle en su camino, veamos cómo algunas personas exitosas optimizan sus rutinas mañaneras para sobresalir en el mundo; tales individuos constituyen un ejemplo de victoria sobre la base de dicho tipo de rutina.

Veamos cómo se levantan y logran sus objetivos como prioridad número uno en su día.

- Arianna Huffington, la fundadora de *Huffington Post*, comienza sus mañanas con treinta minutos de meditación para enfrentar el día. Su rutina está diseñada para «Silenciar al Lagarto y piratear al Mago».[1]
- Barack Obama, el cuadragésimo cuarto presidente de Estados Unidos, comenzaba su día con una sesión de cardio de cuarenta y cinco minutos y luego practicaba algunos tiros de baloncesto cerca de la residencia ejecutiva, también conocida como la Casa Blanca. Esto lo hacía antes de despedirse de sus niñas, que partían para la escuela. Desayunaba con una taza de té verde.[2]
- Benjamín Franklin, uno de los padres fundadores, se preguntaba: «¿Qué bien haré hoy?». Le gustaba pasar la mañana completamente desnudo.[3,4]

- Ludwig van Beethoven, genio musical, se despertaba al rayar el alba y empezaba a componer de inmediato. Se tomaba un café fuerte hecho con sesenta granos que escogía él mismo.[5]

- Jack Dorsey, cofundador de Twitter y Square, se levanta a las 5:30 a. m. Medita y después realiza ejercicios de baja tensión (por ejemplo, un trote matutino).[6,7]

- Paul English, el cofundador de Kayak and Blade, se levanta a las 6:00 a. m. y comienza el día con meditación: «Por lo general medito por unos minutos para aquietar mi mente antes de levantarme de la cama —explica—. Me levanto como a las 6:00 cada mañana. Después de revisar el correo electrónico en mi Black-Berry, me voy a hacer ejercicios. Practico yoga desde hace unos diez años. Construí una habitación para meditar en mi casa».[8]

- Winston Churchill, primer ministro inglés en tiempos de guerra, se despertaba a las 7:30 a. m. y pasaba la mayor parte de la mañana en la cama. Desayunaba ahí mismo y comenzaba su trabajo del día hasta las 11 a. m., entonces se levantaba.[9]

Hemos abordado principios, ideas y ejercicios que pueden contribuir a que domine las mañanas y se despierte temprano y feliz. Entonces, si aplica lo que ha aprendido, se destacará y experimentará rápidamente cambios positivos.

Notas

∎

Introducción: El Lagarto y el Mago

1. Plantinga, Alvin. «Induction and other minds». *The Review of Metaphysics* (1966), pp. 441-461.
2. Fara, Patricia. *Sex, Botany and Empire: The Story of Carl Linnaeus and Joseph Banks.* Icon Books, 2004.
3. Frackowiak, Richard S. J. *Human Brain Function.* Academic Press, 2004. https://books.google.com/books?id=AoWD2S8759kC&q=Toho#v=onepage&q=Toho&f=false.
4. Plantinga, «Induction and other minds», pp. 441-461.
5. Kjaer, T. W., Bertelsen, C., Piccini, P., Brooks, D., Alving, J. y Lou, H. C., 2002. «Increased dopamine tone during meditation-induced change of consciousness». *Cognitive Brain Research, 13* (2), pp. 255-259.
6. Seppälä, E. M., Nitschke, J. B., Tudorascu, D. L., Hayes, A., Goldstein, M. R., Nguyen, D. T., Perlman, D. y Davidson, R. J., 2014. «Breathing-based meditation decreases posttraumatic stress disorder symptoms in US military veterans: A randomized controlled longitudinal study». *Journal of Traumatic Stress, 27* (4), pp. 397-405.

PARTE I: EL RELOJ DEL CUERPO HUMANO

Capítulo 1: El cuerpo humano en la madrugada

1. Kelley, Paul, Steven W. Lockley, Jonathan Kelley y Mariah D. R. Evans. «Is 8:30 am Still Too Early to Start School? A 10:00 am School Start Time Improves Health and Performance of Students Aged 13-16». *Frontiers in Human Neuroscience 11* (2017), p. 588.
2. Kelley, Paul, Steven W. Lockley, Russell G. Foster y Jonathan Kelley. «Synchronizing education to adolescent biology: 'let teens sleep, start school later'». *Learning, Media and Technology 40,* no. 2 (2015), pp. 210-226.

3. Feinberg, Irwin. «Recommended Sleep Durations for Children and Adolescents: The Dearth of Empirical Evidence». *Sleep 36*, no. 4 (2013), pp. 461-462.
4. Kitamura, Shingo. «Estimating Individual Optimal Sleep Duration and Potential Sleep Debt». *Scientific Reports 6* (2016), p. 35812.
5. Evans, M. D. R., Paul Kelley y Jonathan Kelley. «Identifying the best times for cognitive functioning using new methods: matching university times to undergraduate chronotypes». *Frontiers in Human Neuroscience 11* (2017), p. 188.
6. Reinberg, Alain e Israel Ashkenazi. «Concepts in Human Biological Rhythms». *Dialogues in Clinical Neuroscience 5*, no. 4 (2003), pp. 327-342.
7. Czeisler, C. A., Gooley, J. J. «Sleep and circadian rhythms in humans». *Cold Spring Harbor Symposia on Quantitative Biology 72*, (2007), pp. 579-97.
8. Huang, Wenyu et al. «Circadian Rhythms, Sleep, and Metabolism». *The Journal of Clinical Investigation 121*, no. 6 (2011), pp. 2133-2141.
9. Kinsey, Amber W. y Michael J. Ormsbee. «The Health Impact of Nighttime Eating: Old and New Perspectives». *Nutrients 7*, no. 4 (2015), pp. 2648-2662.
10. Reid, Kathryn J., Kelly G. Baron y Phyllis C. Zee. «Meal Timing Influences Daily Caloric Intake in Healthy Adults». *Nutrition Research 34*, no. 11 (Nueva York, N.Y., 2014), pp. 930-935.
11. Mattson, Mark P. «Meal Frequency and Timing in Health and Disease». *Proceedings of the National Academy of Sciences of the United States of America 111*, no. 47 (2014), pp. 16647-16653.
12. Raynor, Hollie A. «Eating Frequency, Food Intake, and Weight: A Systematic Review of Human and Animal Experimental Studies». *Frontiers in Nutrition 2* (2015), p. 38.
13. Warburton, Darren E. R., Crystal Whitney Nicol y Shannon S. D. Bredin. «Health Benefits of Physical Activity: The Evidence». *CMAJ: Canadian Medical Association Journal 174*, no. 6 (2006), pp. 801-809.
14. Kokkinos, Peter. «Physical Activity, Health Benefits y Mortality Risk». ISRN *Cardiology* (2012), p. 718789.
15. Katzmarzyk, Peter T. «Physical Activity, Sedentary Behavior and Health: Paradigm Paralysis or Paradigm Shift?». *Diabetes 59*, no. 11 (2010), pp. 2717-2725.
16. Burke, T. M., Markwald, R. R, McHill, A. W., Chinoy, E. D., Snider, J. A., Bessman, S. C., Jung, C. M., O'Neill, J. S. y Wright, K. P. Jr. «Effects

of caffeine on the human circadian clock in vivo and in vitro». *Science Translational Medicine* 7, no. 305 (2015), 305rai46.

17. Berger, Maximus, et al. «Cortisol Awakening Response and Acute Stress Reactivity in First Nations People». *Scientific Reports* 7 (2017), p. 41760.

18. Bäumler, D., Voigt, B., Miller, R., Stalder, T., Kirschbaum, C. y Kliegel, M. «The relation of the cortisol awakening response and prospective memory functioning in young children». *Biological Psychology* 99, (2014), pp. 41-46.

Capítulo 2: Un reloj circadiano en su nariz

1. Herz, Rachel S., Eliza Van Reen, David H. Barker, Cassie J. Hilditch, Ashten L. Bartz y Mary A. Carskadon. «The Influence of Circadian Timing on Olfactory Sensitivity». *Chemical Senses 43*, no. 1 (2017), pp. 45-51.
2. Noel, Corinna y Robin Dando. «The effect of emotional state on taste perception». *Appetite 95* (2015), pp. 89-95.
3. Johnson, Andrew J. «Cognitive facilitation following intentional odor exposure». *Sensors 11*, no. 5 (2011), pp. 5469-5488.
4. Badia, Pietro, Nancy Wesensten, William Lammers, Joel Culpepper y John Harsh. «Responsiveness to olfactory stimuli presented in sleep». *Physiology & Behavior 48*, no. 1 (1990), pp. 87-90.
5. Doty, Richard L. y E. Leslie Cameron. «Sex differences and reproductive hormone influences on human odor perception». *Physiology & Behavior 97*, no. 2 (2009), pp. 213-228.
6. Slim & Sassy Metabolic Blend. https://www.doterra.com/us/en7p /slim-and-sassy-oil. Consultado el 20 de febrero del 2018.
7. «NYC Grocery Store Pipes in Artificial Food Smells». http:// business.time.com/2011/07/20/nyc-grocery-store-pipes-in-artificial -food-smells/. Consultado el 20 de febrero del 2018.
8. Johnson, «Cognitive facilitation», pp. 5469-5488.
9. Arshamian, Artin, Emilia Iannilli, Johannes C. Gerber, Johan Willander, Jonas Persson, Han-Seok Seo, Thomas Hummel y Maria Larsson. «The functional neuroanatomy of odor evoked autobiographical memories cued by odors and words». *Neuropsychologia 51*, no. 1 (2013), pp. 123-131.
10. Vermetten, Eric y J. Douglas Bremner. «Olfaction as a traumatic reminder in posttraumatic stress disorder: Case reports and review». *The Journal of Clinical Psychiatry* (2003).

11. Demain, Arnold L. y Preeti Vaishnav. «Natural products for cancer chemotherapy». *Microbial Biotechnology* 4, no. 6 (2011), pp. 687-699.

12. Aumento de la popularidad de los productos de aromaterapia para impulsar el crecimiento en el mercado mundial de aceites esenciales para el 2020. https://www.technavio.com/pressrelease/increasing-popularity-aromatherapy-products -propel-growth-global-essential-oils-market. Consultado el 3 de febrero del 2018.

13. «FDA goes on the attack against essential oils». https://www.sott .net/article/299224-FDA-goes-on-the-attack-against-essential-oils. Consultado el 3 de febrero del 2018.

14. Koulivand, P. H., Khaleghi Ghadiri, M., & Gorji, A. (2013). «Lavender and the Nervous System». *Evidence-Based Complementary and Alternative Medicine*: eCAM, 2013, 681304. http://doi.org /10.1155/2013/681304.

15. Aromatherapy.   https://www.umm.edu/health/medical/altmed/treatment/aromatherapy. Consultado el 3 de febrero del 2018.

16. Cheaha, Dania, Acharaporn Issuriya, Rodiya Manor, Jackapun Kwangjai, Thitima Rujiralai y Ekkasit Kumarnsit. «Modification of sleep-waking and electroencephalogram induced by vetiver essential oil inhalation». *Journal of Intercultural Ethnopharmacology* 5, no. 1 (2016), p. 72.

17. Balasankar, D., K. Vanilarasu, P. Selva Preetha, S. Rajeswari M. Umadevi, y Debjit Bhowmik. «Journal of Medicinal Plants Studies». *Journal of Medicinal Plants 1*, no. 3 (2013).

18. Saiyudthong, Somrudee, Sirinun Pongmayteegul, Charles A. Marsden, y Pansiri Phansuwan-Pujito. «Anxiety-like behaviour and c-fos expression in rats that inhaled vetiver essential oil». *Natural Product Research* 29, no. 22 (2015), pp. 2141-2144.

19. Koulivand, Khaleghi Ghadiri y Gorji, «Lavender and the nervous system».

20. «Sleep and Sleep Disorder Statistics». American Sleep Association. https://www.sleepassociation.org/sleep/sleep-statistics/. Consultado el 3 de febrero del 2018.

21. Datos y estadísticas del Día de la Conciencia del Insomnio. American Association of Sleep Medicine. http://www.sleepeducation.org/news/2014/03/10 /insomnia-awareness-day-facts-and-stats, consultado el 3 de febrero del 2018

22. Kim, W. y Myung-Haeng Hur. «Inhalation effects of aroma essential oil on quality of sleep for shift nurses after night work». *Journal of Korean Academy of Nursing* 46, no. 6 (2016), pp. 769-779.

23. Cho, Mi-Yeon, Eun Sil Min, Myung-Haeng Hur y Myeong Soo Lee. «Effects of aromatherapy on the anxiety, vital signs, and sleep quality of percutaneous coronary intervention patients in intensive care units». *Evidence-Based Complementary and Alternative Medicine* (2013).

24. Koulivand, Khaleghi Ghadiri y Gorji, «Lavender and the nervous system».

25. Srivastava, Janmejai K., Eswar Shankar y Sanjay Gupta. «Chamomile: a herbal medicine of the past with a bright future». *Molecular Medicine Reports 3*, no. 6 (2010), pp. 895-901.

26. Bent, Stephen, Amy Padula, Dan Moore, Michael Patterson y Wolf Mehling. «Valerian for sleep: a systematic review and meta-analysis». *The American Journal of Medicine 119*, no. 12 (2006), pp. 1005-1012.

27. Fernández-San-Martín, Ma. Isabel, Roser Masa-Font, Laura Palacios-Soler, Pilar Sancho-Gómez, Cristina Calbó-Caldentey y Gemma Flores-Mateo. «Effectiveness of valerian on insomnia: a meta-analysis of randomized placebo-controlled trials». *Sleep Medicine 11*, no. 6 (2010), pp. 505-511.

28. Kamalifard, Mahin, Azizeh Farshbaf-Khalili, Mahsa Namadian, Yunes Ranjbar y Sepideh Herizchi. «Comparison of the effect of lavender and bitter orange on sleep quality in postmenopausal women: a triple-blind, randomized, controlled clinical trial». *Women & Health* (2017), pp. 1-15.

29. Muz, Gamze y Sultan Taşci. «Effect of aromatherapy via inhalation on the sleep quality and fatigue level in people undergoing hemodialysis». *Applied Nursing Research 37* (2017), pp. 28-35.

30. Ilmberger, Josef, Eva Heuberger, Claudia Mahrhofer, Heidrun Dessovic, Dietlinde Kowarik y Gerhard Buchbauer. «The influence of essential oils on human attention. I: alertness». *Chemical Senses 26*, no. 3 (2001), pp. 239-245.

31. Komori, Teruhisa, Ryoichi Fujiwara, Masahiro Tanida, Junichi Nomura y Mitchel M. Yokoyama. «Effects of citrus fragrance on immune function and depressive states». *Neuroimmunomodulation 2*, no. 3 (1995), pp. 174-180.

32. Serafino, Annalucia, Paola Sinibaldi Vallebona, Federica Andreola, Manuela Zonfrillo, Luana Mercuri, Memmo Federici, Guido Rasi, Enrico Garaci y Pasquale Pierimarchi. «Stimulatory effect of eucalyptus essential oil on innate cell-mediated immune response». *BMC Immunology 9*, no. 1 (2008), pp. 17.

33. Burrow, A., R. Eccles y A. S. Jones. «The effects of camphor, eucalyptus and menthol vapour on nasal resistance to airflow and nasal sensation». *Acta Oto-Laryngologica 96*, no. 1-2 (1983), pp. 157-161.

34. Norrish, Mark Ian Keith y Katie Louise Dwyer. «Preliminary investigation of the effect of peppermint oil on an objective measure of daytime sleepiness». *International Journal of Psychophysiology 55*, no. 3 (2005), pp. 291-298.

35. Oh, Ji Young, Min Ah Park y Young Chul Kim. «Peppermint oil promotes hair growth without toxic signs». *Toxicological Research 30*, no. 4 (2014), p. 297.

36. Johnson, «Cognitive facilitation», pp. 5469-5488.

37. Habtemariam, Solomon. «The therapeutic potential of rosemary (Rosmarinus officinalis) diterpenes for Alzheimer's disease». *Evidence-Based Complementary and Alternative Medicine* (2016).

38. Sayorwan, Winai, Nijsiri Ruangrungsi, Teerut Piriyapunyporn, Tapanee Hongratanaworakit, Naiphinich Kotchabhakdi y Vorasith Siripornpanich. «Effects of inhaled rosemary oil on subjective feelings and activities of the nervous system». *Scientia Pharmaceutica 81*, no. 2 (2012), pp. 531-542.

Capítulo 3: Las hormonas del estrés y las hormonas sexuales

1. Zorawski, Michael. «Effects of Stress and Sex on Acquisition and Consolidation of Human Fear Conditioning». *Learning & Memory 13*, no. 4 (2006), pp. 441-450.

2. Buchanan, Tony W. y Daniel Tranel. «Stress and Emotional Memory Retrieval: Effects of Sex and Cortisol Response». *Neurobiology of Learning and Memory 89*, no. 2 (2008), pp. 134-141.

3. Hamilton, Lisa Dawn, Alessandra H. Rellini y Cindy M. Meston. «Cortisol, Sexual Arousal, and Affect in Response to Sexual Stimuli». *The Journal of Sexual Medicine 5*, no. 9 (2008), pp. 2111-2118.

4. Joseph, Vincent, Mary Behan y Richard Kinkead. «Sex, Hormones, and Stress: How They Impact Development and Function of the Carotid Bodies and Related Reflexes». *Respiratory Physiology & Neurobiology 185*, no. 1 (2013), pp. 75-86.

5. Marrocco, Jordan y Bruce S. McEwen. «Sex in the Brain: Hormones and Sex Differences». *Dialogues in Clinical Neuroscience 18*, no. 4 (2016), pp. 373-383.

6. Whirledge, Shannon, y John A. Cidlowski. «Glucocorticoids, Stress, and Fertility». *Minerva Endocrinologica 35*, no. 2 (2010), pp. 109-125.

7. Ter Horst, J. P. «Relevance of Stress and Female Sex Hormones for Emotion and Cognition». *Cellular and Molecular Neurobiology 32*, no. 5 (2012), pp. 725-735.

8. Sinclair, Duncan. «Impacts of Stress and Sex Hormones on Dopamine Neurotransmission in the Adolescent Brain». *Psychopharmacology 231*, no. 8 (2014), pp. 1581-1599.

9. Kirschbaum, Ci, Wüst, S. y Hellhammer, D. «Consistent sex differences in cortisol responses to psychological stress». *Psychosomatic Medicine 54*, no. 6 (1992), pp. 648-57.

10. Reschke-Hernández, Alaine E. «Sex and Stress: Men and Women Show Different Cortisol Responses to Psychological Stress Induced by the Trier Social Stress Test and the Iowa Singing Social Stress Test». *Journal of Neuroscience Research 95*, no. 1-2 (2017), pp. 106-114.

11. Ranabir, Salam y K. Reetu. «Stress and Hormones». *Indian Journal of Endocrinology and Metabolism 15*, no. 1 (2011), pp. 18-22.

12. Kinner, Valerie L., Serkan Het y Oliver T. Wolf. «Emotion Regulation: Exploring the Impact of Stress and Sex». *Frontiers in Behavioral Neuroscience 8* (2014), p. 397.

Capítulo 4: Su cuerpo es más alto durante la mañana

1. Saltin, B., G. Rådegran, M. D. Koskolou y R. C. Roach. «Skeletal muscle blood flow in humans and its regulation during exercise». *Acta Physiologica 162*, no. 3 (1998), pp. 421-436.

2. Bezemer, Rick, John M. Karemaker, Eva Klijn, Daniel Martin, Kay Mitchell, Mike Grocott, Michal Heger y Can Ince. «Simultaneous multi-depth assessment of tissue oxygen saturation in thenar and forearm using near-infrared spectroscopy during a simple cardiovascular challenge». *Critical Care 13*, no. 5 (2009), S5.

3. Saltin et al., «Skeletal muscle blood flow», pp. 421-436.

4. Yardley, Lucy, Mark Gardner, A. Bronstein, R. Davies, D. Buckwell y Linda Luxon. «Interference between postural control and mental task performance in patients with vestibular disorder and healthy controls». *Journal of Neurology, Neurosurgery & Psychiatry 71*, no. 1 (2001), pp. 48-52.

5. Hogan, Neville. «The mechanics of multi-joint posture and movement control». *Biological Cybernetics 52*, no. 5 (1985), pp. 315-331.

6. Grandjean, Etienne y W. Hunting. «Ergonomics of posture—review of various problems of standing and sitting posture». *Applied Ergonomics 8*, no. 3 (1977), pp. 135-140.

7. Genaidy, Ashraf M. y Waldemar Karwowski. «The effects of neutral posture deviations on perceived joint discomfort ratings in sitting and standing postures». *Ergonomics 36*, no. 7 (1993), pp. 785-792.

8. Blascovich, Jim, y Joseph Tomaka. «Measures of self-esteem». *Measures of Personality and Social Psychological Attitudes 1* (1991), pp. 115-160.

9. Briñol, Pablo, Richard E. Petty y Benjamin Wagner. «Body posture effects on self-evaluation: A self-validation approach». *European Journal of Social Psychology 39*, no. 6 (2009), pp. 1053-1064.

10. Culbertson, James W., Robert W. Wilkins, Franz J. Ingelfinger y Stanley E. Bradley. «The effect of the upright posture upon hepatic blood flow in normotensive and hypertensive subjects». *The Journal of Clinical Investigation 30*, no. 3 (1951), pp. 305-311.

11. Persson, Liselott y Ulrich Moritz. «Neck support pillows: a comparative study». *Journal of Manipulative and Physiological Therapeutics 21*, no. 4 (1998), pp. 40-237.

12. Stucki, M. y Offenbacher, G. «Physical therapy in the treatment of fibromyalgia». *Scandinavian Journal of Rheumatology 29*, no. 113 (2000), pp. 78-85.

13. Thompson, Willard Owen, Phebe K. Thompson y Mary Elizabeth Dailey. «The effect of posture upon the composition and volume of the blood in man». *The Journal of Clinical Investigation 5*, no. 4 (1928), pp. 573-604.

14. Persson, Liselott. «Neck pain and pillows–A blinded study of the effect of pillows on non-specific neck pain, headache and sleep». *Advances in Physiotherapy 8*, no. 3 (2006), pp. 122-127.

15. Jensen, Eric. «Moving with the brain in mind». *Educational Leadership 58*, no. 3 (2000), pp. 34-38.

16. Ehrenfried, Tanja, Michel Guerraz, Kai V. Thilo, Lucy Yardley y Michael A. Gresty. «Posture and mental task performance when viewing a moving visual field». *Cognitive Brain Research 17*, no. 1 (2003), pp. 140-153.

17. Amen, Daniel G. Making a Good Brain Great: *The Amen Clinic Program for Achieving and Sustaining Optimal Mental Performance.* (Harmony Books, 2006).

18. Garfinkel, Marian S., Atul Singhal, Warren A. Katz, David A. Allan, Rosemary Reshetar y H. Ralph Schumacher Jr. «Yoga-based intervention for carpal tunnel syndrome: a randomized trial». *Jama 280*, no. 18 (1998), pp. 1601-1603.

19. Wahbeh, Helane, Siegward-M. Elsas y Barry S. Oken. «Mind-body interventions applications in neurology». *Neurology 70*, no. 24 (2008), pp. 2321-2328.

20. Gallagher, Shaun. *How the Body Shapes the Mind.* (Clarendon Press, 2006).

21. Franzoi, Stephen L. y Mary E. Herzog. «The Body Esteem Scale: A convergent and discriminant validity study». *Journal of Personality Assessment 50*, no. 1 (1986), pp. 24-31.

22. Cotman, Carl W. y Christie Engesser-Cesar. «Exercise enhances and protects brain function». *Exercise and Sport Sciences Reviews 30*, no. 2 (2002), pp. 75-79.

Capítulo 5: Su cerebro es más grande en la mañana

1. Nakamura, Kunio, Robert A. Brown, Sridar Narayanan, D. Louis Collins, Douglas L. Arnold y Alzheimer's Disease Neuroimaging Initiative. «Diurnal fluctuations in brain volume: statistical analyses of MRI from large populations». *Neuroimage 118* (2015), pp. 126-132.

2. Sawka, Michael N., Samuel N. Cheuvront y Robert Carter III. «Human water needs». *Nutrition Reviews 63*, no. s1 (2005).

3. Mitchell, H. H., T. S. Hamilton, F. R. Steggerda y H. W. Bean. «The chemical composition of the adult human body and its bearing on the biochemistry of growth». *Journal of Biological Chemistry 158*, no. 3 (1945), pp. 625-637.

4. Riebl, Shaun K. y Brenda M. Davy. «The Hydration Equation: Update on Water Balance and Cognitive Performance». *ACSM's Health & Fitness Journal 17*, no. 6 (2013), pp. 21-28.

5. Popkin, Barry M., Kristen E. D'Anci e Irwin H. Rosenberg. «Water, Hydration and Health». *Nutrition Reviews 68*, no. 8 (2010), pp. 439-458.

6. An, R. y J. McCaffrey. «Plain water consumption in relation to energy intake and diet quality among US adults, 2005-2012». *Journal of Human Nutrition and Dietetics 29*, no. 5 (2016), pp. 624-632.

7. Armstrong, Lawrence E., Amy C. Pumerantz, Kelly A. Fiala, Melissa W. Roti, Stavros A. Kavouras, Douglas J. Casa y Carl M. Maresh. «Human hydration indices: acute and longitudinal reference values». *International Journal of Sport Nutrition and Exercise Metabolism 20*, no. 2 (2010), pp. 145-153.

8. Sinha, Rajita. «Chronic Stress, Drug Use, and Vulnerability to Addiction». *Annals of the New York Academy of Sciences 1141* (2008), pp. 105-130.

9. Stults-Kolehmainen, Matthew A. y Rajita Sinha. «The Effects of Stress on Physical Activity and Exercise». *Sports Medicine 44*, no. 1 (2014), pp. 81-121.

Capítulo 6: Su corazón y su salud

1. Kaplan, Norman M. «Morning surge in blood pressure». *Circulation 107* (2003), pp. 1347-1347.
2. Kario, Kazuomi, Thomas G. Pickering, Satoshi Hoshide, Kazuo Eguchi, Joji Ishikawa, Masato Morinari, Yoko Hoshide y Kazuyuki Shimada. «Morning blood pressure surge and hypertensive cerebrovascular disease: role of the alpha adrenergic sympathetic nervous system». *American Journal of Hypertension 17*, no. 8 (2004), pp. 668-675.
3. Azimzadeh, Omid, Tamara Azizova, Juliane Merl-Pham, Vikram Subramanian, Mayur V. Bakshi, Maria Moseeva, Olga Zubkova, et al. «A dose-dependent perturbation in cardiac energy metabolism is linked to radiation-induced ischemic heart disease in Mayak nuclear workers». *Oncotarget 8*, no. 6 (2017), p. 9067.
4. Singh, R. B., C. Kartik, K. Otsuka, D. Pella y J. Pella. «Brain-heart connection and the risk of heart attack». *Biomedicine & Pharmacotherapy 56* (2002), pp. 257-265.
5. Spielberg, Christoph, Dirk Falkenhahn, Stefan N. Willich, Karl Wegscheider y Heinz Voller. «Circadian, day-of-week, and seasonal variability in myocardial infarction: comparison between working and retired patients». *American Heart Journal 132*, no. 3 (1996), pp. 579-585.
6. Azevedo, Luan M., Alice C. de Souza, Laiza Ellen S. Santos, Rodrigo Miguel dos Santos, Manuella O. M. de Fernandes, Jeeser A. Almeida y Emerson Pardono. «Fractionated Concurrent Exercise throughout the Day Does Not Promote Acute Blood Pressure Benefits in Hypertensive Middle-aged Women». *Frontiers in Cardiovascular Medicine 4* (2017), p. 6.
7. Holst, Anders Gaarsdal, Bo Gregers Winkel, Juliane Theilade, Ingrid Bayer Kristensen, Jorgen Lange Thomsen, Gyda Lolk Ottesen, Jesper Hastrup Svendsen, Stig Haunso, Eva Prescott y Jacob Tfelt-Hansen. «Incidence and etiology of sports-related sudden cardiac death in Denmark—implications for pre-participation screening». *Heart Rhythm 7*, no. 10 (2010), pp. 1365-1371.
8. Harmon, Kimberly G., Jonathan A. Drezner, Mathew G. Wilson y Sanjay Sharma. «Incidence of sudden cardiac death in athletes: a state-of-the-art review». *British Journal of Sports Medicine* (2014): bjsports-2014.

9. Hayashi, Meiso, Wataru Shimizu y Christine M. Albert. «The spectrum of epidemiology underlying sudden cardiac death». *Circulation Research 116*, no. 12 (2015), pp. 1887-1906.

10. Allen, Ruth. «The health benefits of nose breathing». *Nursing in General Practice* (2017).

11. Edwards, Meghan K. y Paul D. Loprinzi. «Comparative effects of meditation and exercise on physical and psychosocial health outcomes: a review of randomized controlled trials». *Postgraduate Medicine* (2017), pp. 1-7.

12. Hepburn, Stevie-Jae y Mary McMahon. «Pranayama meditation (yoga breathing) for stress relief: Is it beneficial for teachers?». *Australian Journal of Teacher Education (Online) 42*, no. 9 (2017), p. 142.

13. Restrepo, Brandon J., y Matthias Rieger. «Denmark's policy on artificial trans fat and cardiovascular disease». *American Journal of Preventive Medicine 50*, no. 1 (2016), pp. 69-76.

14. Restrepo, Brandon J. y Matthias Rieger. «Trans fat and cardiovascular disease mortality: evidence from bans in restaurants in New York». *Journal of Health Economics 45* (2016), pp. 176-196.

15. Micha, Renata, Jose L. Penalvo, Frederick Cudhea, Fumiaki Imamura, Colin D. Rehm, Dariush Mozaffarian. «Association between dietary factors and mortality from heart disease, stroke, and type 2 diabetes in the United States». *Jama 317*, no. 9 (2017), pp. 912-924.

Capítulo 7: El significado de la temperatura corporal

1. Lack, LCi, Gradisar, M., Van Someren, E. J., Wright, H. R. y Lushington, K. «The relationship between insomnia and body temperatures». *Sleep Medicine Reviews 12*, no. 4 (2008), pp. 307-17.

2. Baker, F. C., Waner, J. I., Vieira, E. F., Taylor, S. R., Driver, H. S. y Mitchell, D. «Sleep and 24 hour body temperatures: a comparison in young men, naturally cycling women and women taking hormonal contraceptives». *The Journal of Physiology 530*, (Pt. 3) (2001), pp. 565-574.

3. Murphy, P. J. y Campbell, S. S. «Nighttime drop in body temperature: a physiological trigger for sleep onset?». *Sleep 20* (7), pp. 505-11.

4. Okamoto-Mizuno, Kazue y Koh Mizuno. «Effects of Thermal Environment on Sleep and Circadian Rhythm». *Journal of Physiological Anthropology 31*, no. 1 (2012), p. 14.

5. Oka, Takakazu. «Psychogenic Fever: How Psychological Stress Affects Body Temperature in the Clinical Population». *Temperature: Multidisciplinary Biomedical Journal 2*, no. 3 (2015), pp. 368-378.

6. Herborn, Katherine A. et al. «Skin Temperature Reveals the Intensity of Acute Stress». *Physiology & Behavior 152*, Pt A (2015), pp. 225-230.

7. Marazziti, D., Di Muro, A. y Castrogiovanni, P. «Psychological stress and body temperature changes in humans». *Physiology and Behaviour 52*, no. 2 (1992), pp. 393-95.

8. Vinkers, CHi, Penning, R., Hellhammer, J., Verster, J. C., Klaessens, J. H., Olivier, B., y Kalkman, C. J. «The effect of stress on core and peripheral body temperature in humans». *Stress 16*, no. 5 (2013), pp. 520-30.

9. Fortney, S. M. y Vroman, N. B. «Exercise, performance and temperature control: temperature regulation during exercise and implications for sports performance and training». *Sports Medicine 2*, no. 1 (Auckland, N.Z., 1985), pp. 8-20.

10. Wakabayashi, Hitoshi et al. «A Comparison of Hydration Effect on Body Fluid and Temperature Regulation between Malaysian and Japanese Males Exercising at Mild Dehydration in Humid Heat». *Journal of Physiological Anthropology 33*, no. 1 (2014), p. 5.

11. Swaka, M. N., Latzka, W. A., Matott, R. P., y Montain, S. J. «Hydration effects on temperature regulation». *International Journal of Sports Medicine 19*, (1998), S108-10.

12. Bosland, Paul W. «Hot Stuff—Do People Living in Hot Climates Like Their Food Spicy Hot or Not?». Temperature: *Multidisciplinary Biomedical Journal 3*, no. 1 (2016), pp. 41-42.

PARTE II: # LA MENTE Y EL CUERPO DURANTE LA MAÑANA

Capítulo 8: Crear la autodisciplina

1. Pearman, A. y Storandt, M. «Self-discipline and self-consciousness predict subjective memory in older adults». *The Journals of Gerontology. Series B, Psychological Sciences and Social Sciences 60*, no. 3 (2005), pp. 153-157.

2. Cheng, Y. Y., Shein, P. P. y Chiou, W. B. «Escaping the impulse to immediate gratification: the prospect concept promotes a future-oriented mindset, prompting an inclination towards delayed gratification». *British Journal of Psychology 103*, no. 1 (2012), pp. 129-41.

3. Gianessi, Carol A. «From Habits to Self-Regulation: How Do We Change?». *The Yale Journal of Biology and Medicine 85*, no. 2 (2012), pp. 293-299.

4. Duckworth, A. L. y Seligman, M. E. «Self-discipline outdoes IQ in predicting academic performance of adolescents». *Psychological Science* 16, no. 12 (2005), pp. 939-44.

5. «Effective Discipline: A Healthy Approach». *Paediatrics & Child Health* 9, no.1 (2004), pp. 43-44.

6. Galla, Brian M. y Angela L. Duckworth. «More than Resisting Temptation: Beneficial Habits Mediate the Relationship between Self-Control and Positive Life Outcomes». *Journal of Personality and Social Psychology* 109.3 (2015), pp. 508-525.

7. Steimke, Rosa et al. «Decomposing Self-Control: Individual Differences in Goal Pursuit Despite Interfering Aversion, Temptation, and Distraction». *Frontiers in Psychology* 7 (2016), p. 382.

8. Morgan, Philip J. et al. «Associations between Program Outcomes and Adherence to Social Cognitive Theory Tasks: Process Evaluation of the SHED-IT Community Weight Loss Trial for Men». *The International Journal of Behavioral Nutrition and Physical Activity* 11, (2014), p. 89.

9. Attia, Najya A. et al. «The Potential Effect of Technology and Distractions on Undergraduate Students' Concentration». *Pakistan Journal of Medical Sciences* 33.4 (2017), pp. 860-865.

10. Galla y Duckworth, «More than Resisting Temptation», pp. 508-525.

11. Morgan et al., «Associations between Program Outcomes», p. 89. Acróstico en inglés: SMART. Adaptado al español durante la traducción de esta obra.

Capítulo 9: Crear hábitos de empoderamiento

1. Gardner, Benjamin, Phillippa Lally, y Jane Wardle. «Making Health Habitual: The Psychology of 'Habit-Formation' and General Practice». *The British Journal of General Practice* 62.605 (2012), pp. 664-666.

2. Gardner, Benjamin et al. «Putting Habit into Practice, and Practice into Habit: A Process Evaluation and Exploration of the Acceptability of a Habit-Based Dietary Behaviour Change Intervention». *The International Journal of Behavioral Nutrition and Physical Activity* 11 (2014), p. 135.

3. Young, Scott. «Healthy Behavior Change in Practical Settings». *The Permanente Journal* 18.4 (2014), pp. 89-92.

4. Flynn, Mary A. T. «Empowering People to Be Healthier: Public Health Nutrition through the Ottawa Charter». *The Proceedings of the Nutrition Society* 74.3 (2015), pp. 303-312.

5. Kumar, Sanjiv y G. S. Preetha. «Health Promotion: An Effective Tool for Global Health». *Indian Journal of Community Medicine: Official Publication of Indian Association of Preventive & Social Medicine 37*.1 (2012), pp. 5-12.
6. Falk, Emily B. «Self-Affirmation Alters the Brain's Response to Health Messages and Subsequent Behavior Change». *Proceedings of the National Academy of Sciences of the United States of America 112*.7 (2015), pp. 1977-1982.
7. Epton, T., Harris, P. R., Kane, R., van Koningsbruggen, G. M. y Sheeran, P. «The impact of self-affirmation on health-behavior change: a meta-analysis». *Health Psychology 24*, no. 3 (2015), pp. 187-96.
8. Lindsay, Emily K., y J. David Creswell. «Helping the Self Help Others: Self-Affirmation Increases Self-Compassion and pro-Social Behaviors». *Frontiers in Psychology 5* (2014), p. 421.
9. Düring, C. y Jessop, D. C. «The moderating impact of self-esteem on self-affirmation effects». *British Journal of Psychology 20*, no. 2 (2015), pp. 274-89.
10. Lindsay y Creswell, «Helping the Self Help Others», p. 421.
11. Creswell, J. David. «Self-Affirmation Improves Problem-Solving under Stress». Ed. José César Perales. PLoS ONE 8, no. 5 (2013): e62593.

Capítulo 10: La creatividad mediante la escritura

1. Clayden, Jonathan D. «Imaging Connectivity: MRI and the Structural Networks of the Brain». *Functional Neurology 28*, no. 3 (2013), pp. 197-203.
2. Ogden, Jenni A. «Neurorehabilitation in the third millenium: New roles for our environment, behaviors, and mind in brain damage and recovery». *Brain and Cognition 42*, no. 1 (2000), pp. 110-112.
3. Shi, Baoguo. «Different Brain Structures Associated with Artistic and Scientific Creativity: A Voxel-Based Morphometry Study». *Scientific Reports 7* (2017), p. 42911.
4. Gersons, Berthold P. R. y Ulrich Schnyder. «Learning from Traumatic Experiences with Brief Eclectic Psychotherapy for PTSD». *European Journal of Psychotraumatology 4* (2013).
5. Sloan, Denise M. et al. «Efficacy of Narrative Writing as an Intervention for PTSD: Does the Evidence Support Its Use?». *Journal of Contemporary Psychotherapy 45*, no. 4 (2015), pp. 215-225.

6. Baikie, Karen A. y Kay Wilhelm. «Emotional and physical health benefits of expressive writing». *Advances in Psychiatric Treatment 11*, no. 5 (2005), pp. 338-346.

7. Jung, Rex E. «The Structure of Creative Cognition in the Human Brain». *Frontiers in Human Neuroscience 7* (2013), p. 330.

8. Zaidel, Dahlia W. «Creativity, Brain, and Art: Biological and Neurological Considerations». *Frontiers in Human Neuroscience 8* (2014), p. 389.

9. Ritter, Simone M., Madelijn Strick, Maarten W. Bos, Rick B. Van Baaren y A. P. Dijksterhuis. «Good morning creativity: task reactivation during sleep enhances beneficial effect of sleep on creative performance». *Journal of Sleep Research 21*, no. 6 (2012), pp. 643-647.

10. Fransen, Marieke L., Edith G. Smit, y Peeter W. J. Verlegh. «Strategies and Motives for Resistance to Persuasion: An Integrative Framework». *Frontiers in Psychology 6* (2015), p. 1201.

11. Sun, J., Chen, Q., Zhang, Q., Li, Y., Li, H., Wei, D., Yang, W. y Qiu, J. «Training your brain to be more creative: brain functional and structural changes induced by divergent thinking training». *Human Brain Mapping 37*, no. 10 (2016), pp. 3375-87.

12. Heilman, Kenneth M. *Creativity and the Brain*. Vol. 1. (New York: Psychology Press, 2005).

Capítulo 11: Aprovechar la mañana

1. Ross, A. y Thomas, S. «The health benefits of yoga and exercise: a review of comparison studies». *Journal of Alternative and Complementary Medicine 16*, no. 1(2010), pp. 3-12.

2. Rabinovitz, H. R., Boaz, M., Ganz, T., Jakubowicz, D., Matas, Z., Madar, Z. y Wainstein, J. «Big breakfast rich in protein and fat improves glycemic control in type 2 diabetics». *Obesity (Silver Spring) 22*, no. 5 (2014), E46-54.

3. Betts, J. A., Chowdhury, E. A., Gonzalez, J. T., Richardson, J. D., Tsintzas, K. y Thompson, D. «Is breakfast the most important meal of the Day?». *The Proceedings of the Nutrition Society 75*, no. 4 (2016), pp. 464-474.

4. Zilberter, Tanya y Eugene Yuri Zilberter. «Breakfast: To Skip or Not to Skip?». *Frontiers in Public Health 2* (2014), p. 59.

5. Veasey, Rachel C. «The Effect of Breakfast Prior to Morning Exercise on Cognitive Performance, Mood and Appetite Later in the Day in Habitually Active Women». *Nutrients 7*, no. 7 (2015), pp. 5712-5732.

6. Taneja, Davendra Kumar. «Yoga and Health». *Indian Journal of Community Medicine: Official Publication of Indian Association of Preventive & Social Medicine 39*, no. 2 (2014), pp. 68-72.
7. Sharma, Hari. «Meditation: Process and Effects». *Ayu 36*, no. 3 (2015), pp. 233-237.
8. Canter, Peter H. «The Therapeutic Effects of Meditation: The Conditions Treated Are Stress Related, and the Evidence Is Weak». *British Medical Journal 326*, no. 7398 (2003), pp. 1049-1050.
9. Stuckey, Heather L. y Jeremy Nobel. «The Connection Between Art, Healing, and Public Health: A Review of Current Literature». *American Journal of Public Health 100*, no. 2 (2010), pp. 254-263.

Capítulo 12: Adopte una posición amigable durante la mañana

1. Cuddy, Amy. https://www.ted.com/talks/amy_cuddy_your_body_language_shapes_who_you_are/transcript. Consultado el 8 de febrero del 2018.
2. Cuddy, Amy, Jack Schultz y Nathan Fosse. «P-curving a More Comprehensive Body of Research on Postural Feedback Reveals Clear Evidential Value for, 'Power Posing', Effects: Reply to Simmons and Simonsohn» (2017).
3. Carlson, Lydia, Cori Bohnenblust y Jacklyn Johnson. «Mindfulness and Power Posing Interventions to Decrease Emotional Distress» (2017).
4. Peper, Erik, I-Mei Lin y Richard Harvey. «Posture and Mood: Implications and Applications to Therapy». *Biofeedback 45*, no. 2 (2017), pp. 42-48.
5. Drew, Amy. «How Our Bodies Do—and Don't—Shape Our Minds». *APS Observer 30*, no. 6 (2017).
6. Mason, Lauren, Monica Joy, Erik Peper, Richard Harvey y Annette Booiman. «La postura es importante». En cartel presentado en la 48ª Reunión Anual de la Asociación de Psicofisiología Aplicada y Biorretroalimentación. (Chicago, IL, 2017).
7. Garrett, Zachary K., James Pearson y Andrew W. Subudhi. «Postural effects on cerebral blood flow and autoregulation». *Physiological Reports 5*, no. 4 (2017): e13150.
8. Matthews, Charles E. «Amount of Time Spent in Sedentary Behaviors in the United States, 2003-2004». *American Journal of Epidemiology 167*, no. 7 (2008), pp. 875-881.
9. Ibíd.

10. Yang, Wenqi et al. «The Impact of Power on Humanity: Self-Dehumanization in Powerlessness». Ed. Ulrich von Hecker. *PLoS ONE 10*, no. 5 (2015): e0125721.

11. Rennung, Miriam, Johannes Blum y Anja S. Goritz. «To Strike a Pose: No Stereotype Backlash for Power Posing Women». *Frontiers in Psychology 7* (2016), p. 1463.

12. Carney, D. R., Cuddy, A. J. y Yap, A. J. «Power posing: brief nonverbal displays affect neuroendocrine levels and risk tolerance». *Psychological Science 21*, no. 10 (2010), pp. 1363-8.

13. Scheepers, Daan, Charlotte Roell y Naomi Ellemers. «Unstable Power Threatens the Powerful and Challenges the Powerless: Evidence from Cardiovascular Markers of Motivation». *Frontiers in Psychology 6* (2015), p. 720.

PARTE III: OPORTUNIDADES PARA EL RESTO DEL DIA

Capítulo 13: El ejercicio es una buena medicina

1. Church, T. S., Earnest, C. P., Skinner, J. S. y Blair, S. N. «Effects of different doses of physical activity on cardiorespiratory fitness among sedentary, overweight or obese postmenopausal women with elevated blood pressure: a randomized controlled trial». *JAMA 297*, no. 19 (2007), pp. 2081-91.

2. Lee, Duck-chul. «Leisure-Time Running Reduces All-Cause and Cardiovascular Mortality Risk». *Journal of the American College of Cardiology 64*, no. 5 (2014), pp. 472-481.

3. Driskell, James E., Carolyn Copper y Aidan Moran. «Does mental practice enhance performance?». *Journal of Applied Psychology 79*, no. 4 (1994), p. 481.

4. Feltz, Deborah L. y Cathy D. Lirgg. «Self-efficacy beliefs of athletes, teams, and coaches». *Handbook of Sport Psychology 2*, no. 2001 (2001), pp. 340-361.

5. Fransen, Katrien, Niels Mertens, Deborah Feltz y Filip Boen. «'Yes, we can!' review on team confidence in sports». *Current Opinion in Psychology 16* (2017), pp. 98-103.

6. Wally, Christopher M. y Linda D. Cameron. «A randomized-controlled trial of social norm interventions to increase physical activity». *Annals of Behavioral Medicine 51*, no. 5 (2017), pp. 642-651.

7. Willis, Leslie H. «Effects of Aerobic and/or Resistance Training on Body Mass and Fat Mass in Overweight or Obese Adults». *Journal of Applied Physiology 113*, no. 12 (2012), pp. 1831-1837.

8. Lebon, Florent, Christian Collet y Aymeric Guillot. «Benefits of motor imagery training on muscle strength». *The Journal of Strength & Conditioning Research 24*, no. 6 (2010), pp. 1680-1687.

9. Westcott, W. L. «Resistance training is medicine: effects of strength training on health». *Current Sports Medicine Reports* no. 4 (2012), pp. 209-16.

10. Baker, Graham. «The Effect of a Pedometer-Based Community Walking Intervention 'Walking for Wellbeing in the West' on Physical Activity Levels and Health Outcomes: A 12-Week Randomized Controlled Trial». *The International Journal of Behavioral Nutrition and Physical Activity 5* (2008), p. 44.

11. Craig, Cora L, Christine Cameron y Catrine Tudor-Locke. «Relationship between Parent and Child Pedometer-Determined Physical Activity: A Sub-Study of the CANPLAY Surveillance Study». *The International Journal of Behavioral Nutrition and Physical Activity 10* (2013), p. 8.

12. Max, Emery J. «Enhancing Aerobic Exercise with a Novel Virtual Exercise Buddy Based on the Köhler Effect». *Games for Health Journal 5*, no. 4 (2016), pp. 252-257.

13. Williams, S. E., Guillot, A., Di Rienzo, F. y Cumming, J. «Comparing self-report and mental chronometry measures of motor imagery ability». *European Journal of Sport Science 15*, no. 8 (2015), p. 703-II.

14. Gu, Xiangli, Yu-Lin Chen, Allen W. Jackson y Tao Zhang. «Impact of a pedometer-based goal-setting intervention on children's motivation, motor competence, and physical activity in physical education». *Physical Education and Sport Pedagogy 23*, no. 1 (2018), pp. 54-65.

15. Lee, Bo-Ae y Deuk-Ja Oh. «Effect of Regular Swimming Exercise on the Physical Composition, Strength, and Blood Lipid of Middle-Aged Women». *Journal of Exercise Rehabilitation 11*, no. 5 (2015), pp. 266-271.

Capítulo 14: Lo que usted come sí importa

1. Mozaffarian, Dariush, Tao Hao, Eric B. Rimm, Walter C. Willett y Frank B. Hu. «Changes in diet and lifestyle and long-term weight gain in women and men». *New England Journal of Medicine 364*, no. 25 (2011), pp. 2392-2404.

2. Geliebter, Allan. «Skipping Breakfast Leads to Weight Loss but Also Elevated Cholesterol Compared with Consuming Daily Breakfasts of Oat Porridge or Frosted Cornflakes in Overweight Individuals: A Randomised Controlled Trial». *Journal of Nutritional Science 3* (2014): e56.

3. Kamada, Ikuko. «The Impact of Breakfast in Metabolic and Digestive Health». *Gastroenterology and Hepatology from Bed to Bench 4,* no. 2 (2011), pp. 76-85.

4. Geliebter, Allan. «Obesity-Related Hormones and Metabolic Risk Factors: A Randomized Trial of Diet Plus Either Strength or Aerobic Training versus Diet Alone in Overweight Participants». *Journal of Diabetes and Obesity 1,* no. 1 (2014), pp. 1-7.

5. Eilat-Adar, Sigal. «Nutritional Recommendations for Cardiovascular Disease Prevention». *Nutrients 5,* no. 9 (2013), pp. 3646-3683.

6. Levitsky D. A., Pacanowski C. R. «Effect of skipping breakfast on subsequent energy intake». *Physiology and Behaviour 119,* (2013), pp. 9-16.

7. Geliebter, «Skipping Breakfast».

8. Levitsky y Pacanowski, «Effect of skipping breakfast», pp. 9-16.

9. Shreiner, Andrew B., John Y. Kao y Vincent B. Young. «The Gut Microbiome in Health and in Disease». *Current Opinion in Gastroenterology 31,* no. 1 (2015), pp. 69-75.

10. Quigley, Eamonn M. M. «Gut Bacteria in Health and Disease». *Gastroenterology & Hepatology 9.9* (2013), pp. 560-569. Impreso.

11. Zhang, Yu-Jie. «Impacts of Gut Bacteria on Human Health and Diseases». Ed. Manickam Sugumaran. *International Journal of Molecular Sciences 16,* no. 4 (2015), pp. 7493-7519.

Capítulo 15: ¿Por qué necesitamos dormir?

1. Carter, Robert y Donald E. Watenpaugh. «Obesity and obstructive sleep apnea: Or is it OSA and obesity?». *Pathophysiology 15,* no. 2 (2008), pp. 71-77.

2. Swanson, Leslie M., J. Arnedt, Mark R. Rosekind, Gregory Belenky, Thomas J. Balkin y Christopher Drake. «Sleep disorders and work performance: findings from the 2008 National Sleep Foundation Sleep in America poll». *Journal of Sleep Research 20,* no. 3 (2011), pp. 487-494.

3. Consensus Conference Panel, Nathaniel F. Watson, M. Safwan Badr, Gregory Belenky, Donald L. Bliwise, Orfeu M. Buxton, Daniel Buysse et al. «Joint consensus statement of the American Academy of Sleep Medicine and Sleep Research Society on the recommended amount of

sleep for a healthy adult: methodology and discussion». *Sleep 38*, no. 8 (2015), pp. 1161-1183.

4. Scott, Linda D., Wei-Ting Hwang, Ann E. Rogers, Tami Nysse, Grace E. Dean y David F. Dinges. «The relationship between nurse work schedules, sleep duration, and drowsy driving». *Sleep 30*, no. 12 (2007), pp. 1801-1807.

5. Kripke, D. F., Garfinkel, L., Wingard, D. L., Klauber, M. R. y Marler, M. R., 2002. «Mortality associated with sleep duration and insomnia». *Archives of General Psychiatry*, 59 (2), pp. 131-136.

6. Walker, Matthew P. y Els van Der Helm. «Overnight therapy? The role of sleep in emotional brain processing». *Psychological Bulletin 135*, no. 5 (2009), p. 731.

7. Xie, Lulu, Hongyi Kang, Qiwu Xu, Michael J. Chen, Yonghong Liao, Meenakshisundaram Thiyagarajan y John O'Donnell. «Sleep drives metabolite clearance from the adult brain». *Science 342*, no. 6156 (2013), pp. 373-377.

8. Dinges, David F., Martin T. Orne, Wayne G. Whitehouse y Emily Carota Orne. «Temporal placement of a nap for alertness: contributions of circadian phase and prior wakefulness». *Sleep 10*, no. 4 (1987), pp. 313-329.

9. Dinges, David F. y Roger J. Broughton, eds. *Sleep and Alertness: Chronobiological, Behavioral, and Medical Aspects of Napping*. (Raven Press, 1989).

10. Baer, Ruth A. «Mindfulness training as a clinical intervention: A conceptual and empirical review». *Clinical Psychology: Science and Practice 10*, no. 2 (2003), pp. 125-143.

11. Ong, Jason y David Sholtes. «A mindfulness-based approach to the treatment of insomnia». *Journal of Clinical Psychology 66*, no. 11 (2010), pp. 1175-1184.

12. Carter, K. S., Holliday, J., Holliday, A. y Harrison, C. K., 2018. «A Community-based Stress Management Program: Using Wearable Devices to Assess Whole Body Physiological Responses in Non-laboratory Settings». *Journal of Visualized Experiments*: (131).

13. Friedl, Karl E., Torbjorn J. Breivik, Robert Carter III, Dieter Leyk, Per Kristian Opstad, John Taverniers y Marion Trousselard. «Soldier Health Habits and the Metabolically Optimized Brain». *Military Medicine 181*, no. 11-12 (2016): e1499-e1507.

14. Carter, Kirtigandha Salwe y Robert Carter III. «Breath-based meditation: A mechanism to restore the physiological and cognitive reserves

for optimal human performance». *World Journal of Clinical Cases 4*, no. 4 (2016), p. 99.

Capítulo 16: Comience y termine su día como un chef: La neurociencia de la experiencia

1. Narvaez, Darcia. «Human flourishing and moral development: Cognitive and neurobiological perspectives of virtue development». *Handbook of Moral and Character Education* (2008), p. 310.
2. The Chef's Brain. http://neurosciencenews.com/chef-neurobiology -6196/. Consultado el 28 de febrero del 2018.
3. Ibíd.
4. Cerasa, Antonio, Alessia Sarica, Iolanda Martino, Carmelo Fabbricatore, Francesco Tomaiuolo, Federico Rocca, Manuela Caracciolo y Aldo Quattrone. «Increased cerebellar gray matter volume in head chefs». *PLoS ONE 12*, no. 2 (2017): e0171457.
5. Falk, Dean. «New information about Albert Einstein's brain». *Frontiers in Evolutionary Neuroscience* (2009) 4 mayo; 1:3.
6. Hines, Terence. «Neuromythology of Einstein's brain». *Brain and Cognition 88* (2014), pp. 21-25.
7. Stillman, Jessica. «What Chefs Can Teach You About Starting Your Day Right». https://www.inc.com/jessica-stillman/what-chefs-can -teach-you-about-starting-your-day-right.html. Consultado el 21 de febrero del 2018.
8. Friedman, Ron. «How to spend the first 10 minutes of your day». *Harvard Bus Rev*. 19 junio (2014).
9. Chang, Chia-Yu, Der-Shin Ke y Jen-Yin Chen. «Essential fatty acids and human brain». *Acta Neurol Taiwan 18*, no. 4 (2009), pp. 231-41.

Capítulo 17: Preocúpese de su *dosha*: Sabiduría antigua sobre su cerebro y su cuerpo

1. Travis, Frederick T. y Robert Keith Wallace. «Dosha brain-types: A neural model of individual differences». *Journal of Ayurveda and Integrative Medicine 6*, no. 4 (2015), p. 280.
2. Prasher, Bhavana, Sapna Negi, Shilpi Aggarwal, Amit K. Mandal, Tav P. Sethi, Shailaja R. Deshmukh, Sudha G. Purohit et al. «Whole genome expression and biochemical correlates of extreme constitutional types defined in Ayurveda». *Journal of Translational Medicine 6*, no. 1 (2008), p. 48.

3. Dey, Subhojit y Parika Pahwa. «Prakriti and its associations with meta-
    bolism, chronic diseases, and genotypes: Possibilities of new born scree-
    ning and a lifetime of personalized prevention». *Journal of Ayurveda
    and Integrative Medicine 5*, no. 1 (2014), p. 15.
4. Mahalle, Namita P., Mohan V. Kulkarni, Narendra M. Pendse y
    Sadanand S. Naik. «Association of constitutional type of Ayurveda
    with cardiovascular risk factors, inflammatory markers and insulin re-
    sistance». *Journal of Ayurveda and Integrative Medicine 3*, no. 3 (2012),
    p. 150.
5. Tripathi, Piyush Kumar, Kishor Patwardhan y Girish Singh. «The basic
    cardiovascular responses to postural changes, exercise, and cold pressor
    test: do they vary in accordance with the dual constitutional types of
    Ayurveda?». *Evidence-Based Complementary and Alternative Medicine*
    (2011).

Capítulo 18: Pensamientos finales: Usted está preparado para dirigir la mañana y disfrutar el día

1. Huffington, Arianna. *My Morning Routine* blog, https://mymorning
    routine.com/arianna-huffington/. Consultado el 15 de febrero del 2018.
2. Angelov, Kosio. «What Barack Obama Can Teach You About Produc-
    tivity». *High-Performance Lifestyle*. http://blog.high performancelifes-
    tyle.net/barack-obama-productivity/. Consultado el 15 de febrero del
    2018.
3. Currey, Mason. «Naked calisthenics, air baths, head stands, and other
    strange artistic habits». http://www.slate.com/articles/arts/culturebox/
    features/20i3/daily_rituals/benjamin_franklin _loved_to_compose_in_
    the_nude.html. Consultado el 19 de febrero del 2018.
4. Currey, Mason. «Rise and shine: the daily routines of history's most
    creative minds». *The Guardian*, https://www.theguardian.com/science/
    zoi3/oct/o5/daily-rituals-creative-minds-mason -currey. Consultado el
    19 de febrero del 2018.
5. Currey, Mason. «Daily Rituals - Ludwig van Beethoven». *Meaning Ring*,
    http://meaningring.com/2015/03/31/daily-rituals-beethoven-by-ma-
    son-currey/. Consultado el 19 de febrero del 2018.
6. Shontell, Alyson. «12 Top Tech Executives Who Wake Up at the
    Crack of Dawn». *Business Insider*, https://www.inc.com/business-insi-
    der/12-top-tech-executives-who-are-morning-people.html. Consultado
    el 19 de febrero del 2018.

7. Parr, Sam. «Jack Dorsey Wakes Up Every Morning at 5:00 AM». *The Hustle*, https://thehustle.co/jack-dorsey-morning-routine. Consultado el 13 de febrero del 2018.

8. Acevedo, Joyzel y Beier, Chris. «Kayak Founder: A Life Lesson I Wish I Could Tell My Younger Self». [Archivo en video], Inc. Video, https://www.inc.com/video/kayak-founder-life-lesson-wish-i-could-tell-my-younger-self.html. Consultado el 13 de febrero del 2018.

9. McKay, Kate. «The Churchill School of Adulthood - Lesson # 2: Establish a Daily Routine». *Art of Manliness*, https://www.artofmanliness.com/2014/12/15/the-churchill-school-of -adulthood-lesson-2-establish-a-daily-routine/. Consultado el 19 de febrero del 2018.

Índice

∎

Sobre los autores

■

El doctor Robert Carter III, FACSM, FAIS nació en Lake Charles, Louisiana. Es oficial del ejército de Estados Unidos, experto en fisiología y desempeño integral humano. Posee grados académicos en medicina de emergencia en la University of Texas Health Science Center en San Antonio, Salud Pública y Ciencias de la Salud en la Angeles Pacific University, y en Nutrición en la University of Maryland, University College. El doctor Carter participó en misiones militares en Alemania, Francia, Afganistán, Washington D. C., y en la Casa Blanca como asistente social militar para la administración de Obama. Tiene un doctorado en Ciencias Biomédicas y Fisiología Médica y un máster en Salud Pública en Epidemiología de Enfermedades Crónicas. Fue seleccionado como becario de Investigación Postdoctoral de Yerby. Allí recibió su formación de postgrado en Epidemiología Ambiental en la Harvard School of Public Health en Boston, Massachusetts. Es miembro de varios consejos editoriales científicos, revisor acreditado de catorce revistas científicas y médicas, miembro del American College of Sports Medicine (FACSM, por sus siglas en inglés) y del American Institute of Stress (FAIS, por sus siglas en inglés) y es un asesor de regulación térmica para el Exercise and Environmental Committee de la American Physiological Society. Ha publicado más de cien artículos evaluados por expertos, capítulos de libros, resúmenes e informes técnicos sobre desempeño humano, meditación basada en la respiración, nutrición, necesidad de agua en los humanos, trauma y medicina ambiental en revistas como la *New England Journal of Medicine,* el *Journal of the American Medical Association, Nutrition Reviews* y el *Journal of Applied Physiology.*

La doctora Kirti Salwe Carter, FAIS, nació en Pune, India, y recibió su educación médica en dicho país. Ejerció como médica de cuidados intensivos antes de mudarse a Texas para completar su capacitación de posgrado en salud pública. En el 2010 recibió su maestría en Salud Pública en Salud Ocupacional del University of North Texas Health Science Center, en Fort Worth. También ostenta estudios de posgrado en Fisiología Integrativa. La doctora Carter es miembro del American Institute of Stress (FAIS, por sus siglas en inglés). Posee más de dieciocho años de experiencia en técnicas de meditación y respiración, y ha ofrecido seminarios de bienestar durante los últimos diez años. Ha realizado una ardua labor en ofrecer programas para manejar y luchar contra el estrés, no solo a la población en general, sino también a empleados corporativos, educadores, estudiantes de secundaria y universitarios, y a poblaciones especiales como refugiados en áreas propensas a la violencia, escuelas del centro de la ciudad y víctimas de traumas sexuales militares. Es una asidua investigadora de la efectividad de las técnicas de respiración y meditación para mejorar el rendimiento humano. Ha publicado varias investigaciones sobre el rendimiento humano, la ergonomía y la meditación basada en la respiración en varias revistas importantes, como el *World Journal of Clinical Cases*, el *Journal of Visual Experiments* y el *Journal of Environmental and Public Health*.